Thomas Brackmann

Hin und weg

Herstellung und Verlag:
BoD - Books on Demand, Norderstedt

ISBN 978-3-7448-8835-6

Hin und weg

– Sechs Jahre Länderhopping über alle Kontinente hinweg –

Wenn einer eine Reise tut, so kann er was erzählen, heißt es im Volksmund. Nun, seit sechs Jahren fliege ich um die ganze Welt, mit dem Ziel, alle Länder bereist zu haben. Intensiv. Schnell. Ab und an sehr effektiv bzw. effizient. In meiner Urlaubszeit im Jahr komme ich so auf etwa 30 Länder. 20 davon sind dann im Schnitt neue Staaten auf meiner Liste. Getreu dem Motto „Neu ist immer interessanter" versuche ich es zu vermeiden, immer in dieselben Länder zu reisen. Denn das würde Budget und (Urlaubs-)Zeit verschwenden. Na ja. Verschwenden hört sich ziemlich negativ an. Aber bei der Absicht, alle Länder dieser Erde zu bereisen, ohne große Auszeiten zu nehmen, muss das schon gehen. Ausnahmen von der Regel gibt's natürlich. Familienbesuche, Hochzeiten oder Todesfälle. Da muss ich halt hin – muss ja von meinen Reisen berichten. Zudem versuche ich dabei immer noch eine gute Figur zu machen: unterrichte Judo in der Steppe von Kirgistan, fliege zu Honeymoon-Trips auf die Seychellen, mache einen Ironman-Triathlon in Australien oder einarmige Liegestütze in Machu Picchu. Irgendwas geht immer. Und von einigen meiner Abenteuer handelt dieses Buch.

So wie ich immer wieder auf dem Sprung bin, ist auch der Text: Schnell erzählt, abgehackt und manchmal nicht im besten Goethe- oder Schillerstil. Ich konzentriere mich halt mehr auf die besten Preise für meine Trips, träume von neuen Reisezielen oder sitze schon wieder auf dem Rennrad und trainiere. Trotzdem oder gerade deshalb: Viel Spaß!

Inhaltsverzeichnis

2010 – Auf zu neuen Ufern

Saudi-Arabien – los geht's

Über den glücklichen Umstand eines Jobvermittlers trat ich im Juli 2010 eine attraktive Stelle in Saudi-Arabien, in der Hauptstadt Riad, an. Zweijahresvertrag ohne Sozialversicherung. Brutto wie netto, für eine namhafte Firma. Top. Freelancerdasein und schlechtes deutsches Wetter ade. Steuern sowieso. Obendrauf: bezahlte Wohnung, Pool, Gym, Auto. 30 Tage Urlaub. Plus 11 Feiertage. Klingt toll. Ist es auch. Auf den ersten Blick. Denn: kein Alkohol, keine Bars, keine Kinos, strikte Trennung der Geschlechter (separate Abteilungen in Restaurants), Todesstrafe. Und, und, und. Challenging also, wie man so schön heute sagt. Aber als afghanistaneinsatzerfahrener Ex-Soldat sollte das kein Problem sein, oder doch?

Beirut oder Singapur – Hauptsache, weg

Nach Überstehen der dreimonatigen Probezeit gab es das erste Urlaubserlebnis. Beirut oder Singapur – beides Orte, an die ich schon immer reisen wollte. Exotisch, geheimnisvoll, Großstadtflair. Mein Kumpel Stefan meinte nur: „Vergiss Singapur, Party ist besser in Beirut." Bewaffnet mit einer langen To-do-Liste von Freunden und Kollegen, die bereits in der libanesischen Hauptstadt waren, zog ich los. Na ja, erstmal nicht. Sechs Stunden Verspätung am Flughafen in Riad mit all den Heerscharen von Indern, Pakistanis, Bangladeschern – samt den Gerüchen und Aromen, die sich damit breitmachen. Jede Kultur hat da so ihre Eigenarten.

Ohne Moos nix los

Endlich da. Verschlafen die Landung. Erster Schock. Giro- und Kreditkarten arbeiten nicht. Ohne Moos nix los in fremder Stadt. Wie bei jedem dritten Welt-Airport erwarten einen bereits am Flughafen Unmengen von Taxifahrern, die einen naiven Reiseanfänger abzocken wollen. Egal! 50 Dollar für die Fahrt ins Zentrum wären okay. Schließlich ist man ja kein armer Backpacker, der jeden Pfennig einzeln umdrehen muss. Zudem Probezeit vorbei. Zwei Jahre Saudi-Gehalt. Yippie! Auf geht's! Hinein ins Paris des (Nahen) Ostens.

Kriegsgebiet oder Partyhochburg?

Meine Güte, wo bin ich denn hier gelandet? Einschusslöcher in den Häusern, Ruinen am Wegesrand, Bettler. Ein Mix aus Bundeswehreinsatzbildern aus Afghanistan, Bosnien oder dem Kosovo stieg in mir hoch. Ich verfluchte insgeheim meinen Kumpel und hatte immer noch keine Kohle. Deshalb Taxi marsch, marsch zu einer Weltbank. Da werden Sie geholfen, dachte ich. Ans Partymachen war erst mal nicht zu denken.

Banking Girl and Travel Boy

HSBC – die große Hoffnung auf Cash in die Täsch. Ansonsten wäre der Urlaub schnell vorbei. In einer der größten Party Citys der Welt – ein Jammer. Mit Augenaufschlag und Wimpernschimmer hinterm Tresen – das erste weibliche Geschöpf ohne Schleier seit drei Monaten. Da fließt man(n) schon mal hin. Neben 500 USD in bar gab's dann noch ihre Telefonnummer. Date in zwei Tagen inklusive Stadtführung auch gebucht. Check! Geht ja wie geschmiert. Vielleicht ist da mehr drin. Aber erst mal ins Hotel. Ein Bier und dann ab in die Heia. War ja anstrengend genug. Von den Nerven ganz zu schweigen.

God is a DJ

Nix da Schlaf, denn ich treffe einen Ami in der Lobby des Hotel Napoleon, mit dem ich flugs drei Bier für den Abend klarmache. Dabei sollte es nicht bleiben, denn er hatte einen Trupp Locals und Touristen zum Dinner beordert. Von einer Bar ging es dann in die nächste. Es folgten diverse Clubs, u. a. Technotempel „BO 18", der mir von einem schwedischen Kollegen wärmstens empfohlen worden war. Seit Berliner Love-Parade-Zeiten nicht mehr so abgehottet. Prompt gab's auf Facebook die Line: „God is a DJ, I met him last night in Beirut." Wahrlich. Beirut ist die Partycity, nicht nur im Nahen Osten. Während anderswo unter der Woche nichts geht, steppt der Bär hier jeden Tag. However, halbe Nacht durchgemacht, und immer noch taufrisch dank Wodka Red Bull. Mit Amikumpel ab ins Hotel. Im Lift dann noch in zwei nett zurechtgemachte Damen getorkelt, die sich hinterher als Callgirls herausgestellt haben. Ha, das trifft sich! Es gibt Elevator Pitches und Elevator Bitches. Und wenn sie dann hinterher noch an die Zimmertür klopfen, weil der eigentliche Kunde kalte Füße bekommen hat, ist an Schlaf sowieso nicht zu denken.

Damaskus für einen Tag

Nach kurzer Nacht Abmarsch um 7:00 Uhr. Auf nach Damaskus – Hauptstadt von Syrien. Heute Kriegsgebiet. Damals noch ganz okay und friedlich. Hatte den Trip beim Hotel-Check-in gleich gebucht. Auf dem Plan: Busfahrt, Grenzübergang, Essen, Trinken, Marktplatz, Moschee, ein wenig Kultur. Für einen Tag geht das. Alles streng getaktet. Den Schlafmangel kompensierte ich auf der Busfahrt und erlebte einen Schock beim Aufwachen. Damaskus erinnerte mich an Riad mit heruntergekommenen Gebäuden. Lediglich die große Moschee war ein Lichtblick. Sehr schön verziert und hell. Gutes Fotomotiv. Aber sonst? Nicht der Rede wert.

Schlaflos im Libanon

Die nächsten Tage verbrachte ich zwischen Partymachen im „BO 18"-Club bis zum Morgengrauen, auf der Hamra Street oder der Party- und Pubmeile „Jumaize". Nebenbei das eine oder andere Stelldichein mit dem Banking Girl. Geschlafen habe ich meist in Bus- oder Autotouren von freundlichen Libanesen. Antike Ausgrabungsstätten in und rund um Beirut sind sehr gut erhalten. Zudem wurde mir immer wieder gesagt, dass es im Winter hier einmalige Skigebiete gibt. Zudem seien die Beachclubs auch nicht ohne. Na, mal sehen. Vielleicht komme ich ja wieder. Aber erst einmal den Rest der Welt entdecken.

Fazit: Schlaf wird überbewertet

Die knappe Woche in Beirut hat gezeigt: Schlaf wird überbewertet. Besonders der in der Nacht. Bei Partymetropolen dieser Welt kann 24 Stunden Programm gemacht werden. Na gut, ab und zu brauchen der Körper und die Seele ausreichend Schlaf. Aber zwei Tage strammes Tanzen in den Nachtclubs oder 48 Stunden Durchschlageübungen mit der Bundeswehr funktionieren ja auch. Zur

Gegenfinanzierung jeglichen Kulturprogramms immer am besten 1000 USD oder Euro in cash dabeihaben, denn Kreditkarten müssen nicht immer funktionieren. Besonders außerhalb von Europa.

2011 – Sturm und Drang

Hoch hinaus in Hongkong

Eine Woche Singapur und Hongkong im Frühjahr 2011. Kannte ich vorher nur aus dem Fernsehen. Nachdem Beirut den Vorzug vor dem asiatischen Stadtstaat erhalten hatte, sollte es im Frühjahr 2011 der Fall sein. Die ehemals britische Kronkolonie Hongkong würde mir ohne Einreisevisum den chinesischen Länderpunkt bescheren. Zusammen mit einem jungen Kollegen machte ich mich an die Planung. Schnell fand ich heraus, dass es am günstigsten ist, bei einem Dreiecksflug gegen den Uhrzeigersinn zu fliegen. Also Riad-Singapur-Hongkong-Riad. Andersherum wäre es rund 400 Euro teurer – bei gleichen Reisedaten. Das wollte ich mir für die Zukunft merken.

In Hongkong wurden wir von der Wucht der schmalen Häuserschluchten fast erschlagen. Winzige Fenster zeugten von kleinen Wohnungen. Aber hoch hinaus ging es in den Himmel. So war auch unser Hotelzimmer mit knapp zehn Quadratmetern recht spärlich – bot aber jeglichen Komfort. Die ersten beiden Tage verbrachten wir alkoholisiert in diversen Bars und Nachtclubs und tagsüber besuchten wir bei Nebel und Regen die City und die historischen Stätten mit den großen Buddhas, um mal abzuschalten.

Macao – The winner takes it all

Von Hongkong war es nur ein Katzensprung nach Macao, der ehemaligen portugiesischen Kolonie. Heute eher als Las Vegas des Fernen Ostens verschrien. Deshalb wollten wir es dort mal mit dem Zocken probieren. Im goldenen Casino waren wir fast die Einzigen. Ich versuchte beim Roulette das System zu durchschauen und einen gewissen Trend auszumachen. Nach etwa zehn Minuten hatte ich immer noch nichts gesetzt, während mein Mitstreiter bereits 200 Euro eingesackt hatte. Nun denn. Mehrere Stunden und Drinks später hatte ich etwa 100 Euro als Gewinn zu verzeichnen, während mein Kumpan schon etwa 500 Euro eingestrichen hatte. Auch eine Möglichkeit die Reisekasse aufzubessern.

Fazit: Reise lieber ungewöhnlich

Erst nach diesem Trip reifte in mir die Idee, solange ich in Saudi-Arabien bin, möglichst viele Länder der Welt zu sehen. Im Schnitt reichen drei Tage pro Land. Das macht dann jeweils etwa ein bis zwei Städte. Den Schlaf kann ich auf ein Minimum reduzieren. Kosten für Essen, Trinken, Trallalala sowieso. Fünf Tage ohne Essen, zwei Tage ohne Flüssigkeit samt Schlafentzug. Alles bei der Bundeswehr erlebt. Gelernt ist gelernt. Natürlich muss man da fit sein. Habe noch nie übergewichtige Weltreisende gesehen. Für die eigene Sicherheit lohnt es sich, Selbstverteidigung zu können und ein wenig laufen zu können. Als Schwarzgurt in Judo mit Fitnessambitionen waren die Voraussetzungen mehr als erfüllt. Also, auf geht's in die weite Welt. So viel zu sehen.

Via Kuwait zum Geburtstag in Goa

Zum Geburtstag Anfang Juli wollte ich nach Indien. Passend buchte ich als Zwischenstopp Kuwait. Kuwait – ein klassisches Tagestrip- und Transitland. Nicht viel zu sehen. Attraktivität:

Fehlanzeige. Fragte ich noch vor Abflug einen Kollegen, ob er denn schon mal da war und was er empfehlen könne. Der Engländer meinte nur lapidar: „Klar, 1990 mit meiner Einheit im Befreiungskrieg gegen Saddam Hussein." Ha. Selten so gelacht. Trotzdem empfahl er mir, in das örtliche Museum zu gehen, wenn ich denn schon da sei. Und wahrlich, auf einer Tagestour war das das Highlight der Hauptstadt Kuwait City. Der Einmarsch der Irakis von 1990 ist hier eindrucksvoll dargestellt mit Licht- und Soundeffekten. Weitere Sehenswürdigkeiten der Stadt sind die Kuwait Towers, von denen man einen tollen Überblick über die Strandpromenade hat. Interessant war die Gestaltung zweier Restaurants unweit des Hotels Radisson Blu am Hafen. Denn dort lag ein altes Segelboot. Innerhalb des Bauches des Boots und unterhalb der Kiellinie ist jeweils ein Restaurant maritim-arabischen Flairs untergebracht. Der Tipp schlechthin. Ansonsten gibt's in Kuwait echt nichts weiter zu entdecken. Ist halt fast wie in Saudi-Arabien – nur dass die Frauen hier Auto fahren dürfen. Alkohol gibt's auch nicht. Also auch ein nüchternes Land. Im wahrsten Sinne des Wortes.

Durch den Monsun zum inneren Ich

Nach dem kuwaitischen Intermezzo ging es weiter bei diesem Trip. Auf nach Indien. Reisezeit Juli war komischerweise sehr billig. Erst nach der Buchung stellte ich fest, dass es mitten in der Regenzeit war. Doch wer in der Ayurveda Massage liegt, dem könne die Regenzeit nichts anhaben, so der Tipp eines Kollegen. Denn Regenzeit heißt Relaxing-Time. Finden der inneren Mitte, des übergeordneten Karmaweges – ob am Strand oder in der Bar, ob im Wellnesstempel oder im Pool, ob im Grünen oder im blauen Zustand. OOOOOOOHmmmmmm!

Indischer Durchfall trifft Großstadtkultur

Drei bis vier Tage hatte ich geplant. Erst Mumbai, dann Goa. Den indischen Subkontinent in vier Tagen zu erschließen, ist natürlich vermessen. Deshalb gilt es zu extrapolieren bzw. von Bekanntem auf Neues zu schließen. Große Städte wie Mumbai sind wie überall in der Welt: Geschichte trifft auf Moderne. Nebenbei gibt's Kultur à la Tempel, das Gandhi-Museum, Gateway of India, Kirchen etc., arme und reiche Menschen, hässliche und wunderschöne Jojoba-Körper, ruhende Pole und pulsierende Viertel. Zudem darf eines nicht fehlen: Man war nicht in Indien, wenn man keine Lebensmittelvergiftung oder zumindest ordentlich Dünnpfiff bekommt. Dieser stellte sich bei mir prompt bereits im Zubringerflieger nach Indien ein. Holla, die Waldfee. Deshalb sollten die folgenden Tage nur ein klägliches Mahl bieten. Dafür aber reichlich Imodium akut. Das Gute an Durchfall: Man verliert rasch Gewicht.

Terrorverkehr in Mumbai

In Mumbai hatte es kurz zuvor mehrere Terroranschläge in Hotels und Restaurants gegeben. Das beruhigte mich. Wieso? Getreu dem Motto des Ersten Weltkriegs, wo es hieß, dass es am sichersten im Bombentrichter sei, denn eine Bombe fällt garantiert nicht erneut auf dieselbe Stelle. Deshalb besuchte ich das entsprechend attackierte Hotel und Restaurant. Alles friedlich. Na ja, der Straßenverkehr ist da von anderer Sorte. Es ist, glaube ich, leichter zwischen Autos, Rikschas, Lastern unter die Räder zu kommen als bei einem Bombenattentat. Wer in Indien war, für den ist jeder europäische Straßenverkehr die reinste Erholung. Selbst der italienische Verkehr in Rom ist dagegen zum Einschlafen.

Die Gnade der deutschen Geburt

Aber so richtig mulmig wurde mir nur, als mir zwei, drei junge Bengels den Weg in die touristischen Highlights der City zeigen wollten – gegen Geld, natürlich. Ich dachte, sie führen mich in einen Hinterhof und versuchen mich dann alle zumachen. Doch die drei Halbstarken würde ich doch mit meinen Judo- und Sambo-Kenntnissen schon in Schach halten können. Deshalb war ich ganz Ohr und auf der Hut. Glücklicherweise entstanden interessante Gespräche rund um indische Lebensart und Kultur, die mich tiefer in das Land haben eintauchen lassen. Armut steht dabei an oberster Stelle, weshalb so viele junge Leute auf der Straße betteln und von der Hand in den Mund leben. Den einen oder anderen Groschen gab ich dann natürlich schon ab und bedankte mich beim lieben Herrgott für die Gnade der deutschen Geburt.

Goa – Indisches Ibiza mit Spa-Treatment

Weiterflug nach Goa. Das billige Hotel in der ruhigen Gegend war noch nicht zimmerfertig. Deshalb orderte ich gleich den Taxifahrer, um mich in den belebten Norden Goas zu bringen.

Schließlich habe ich doch noch Geburtstag. Da will ich mir doch was gönnen. Schnell buchte ich eine 100-Euro-Suite. Da Regenzeit war und nicht so viele Gäste vor Ort, bekam ich ein Drei-Tages-Sonderangebot. Für knapp 120 Euro offerierte das hoteleigene Spa eine dreistündige Ayurveda-Behandlung inklusive neun verschiedener Behandlungen: Massage, Dampfbad, Kopfmassage, Fußmassage, Scrubbing und allerlei sonstiger Köstlichkeiten. Und das drei Tage am Stück. Sehr schön.

Zu zweit ist man weniger allein

Am Abend ab in die Disco. Das glaubte ich. Fehlanzeige. Nur mit Begleitung. Während Mann und auch Frau bisweilen auf den westlichen Tanz- und Barflächen auf Akquise-Tour nach nächtlicher Begleitung suchen, gilt es in der östlichen Hemisphäre schon ab dem Frühstück als allein reisender Mann oder Frau für das Doppel-Abendprogramm Ausschau zu halten. Denn meist bleiben die Tanztempel verschlossen, sofern nur das Singlewesen auftaucht. „Couples only" und „Du kommst hier nicht rein!" sind die Kernbotschaften. Deshalb gilt: Wer am Abend essen will, muss tagsüber auf Jagd gehen. Wieder etwas gelernt. Reisen bildet.

Das letzte Bier war schlecht – wie immer!

Blieb mir also nichts anderes übrig, als in einer Spelunke diverse Drinks zu nehmen und den Abend gemütlich ausklingen zu lassen. Oh, mein Gott. Am nächsten Morgen begrüßte mich doch der Barbesitzer selbigen Etablissements gleich mit der Forderung nach Reinigungskosten. Dann erzählte er sogleich, was ich in der kleinen Toilette in der Nacht zuvor angerichtet hatte. Kein Wunder, dass ich mich nicht mehr erinnern konnte. Wie immer galt: Das letzte Bier war schlecht. Bereitwillig zahlte ich mit schlechtem Gewissen den entsprechenden Preis für die Schadensregulierung.

Der Büßer kauft Schmuck und rennt um sein Leben

Buße musste sein. Weshalb ich sogleich am Strand mehreren Verkäufern von allerlei Krimskrams einige Groschen geben wollte, um ihnen ein Zubrot zu bescheren. Abbitte leisten. Doch rechnete ich nicht mit der Penetranz, mit der die Damen ihre

Halsketten, Ohrringe und allerlei Schmuck verkaufen wollten. Da es derzeit Off-Season war, war ich somit das einzige Opfer. Ich rettete mich nach diversen Einkäufen in die Fluten und sprintete von dannen. Ich endete in einer Strandbar. Zum Glück, denn jetzt setzte der für diese Jahreszeit typische Regen ein. Frisch. Frisch. Nebenbei schlürfte ich den einen oder anderen Drink mit Blick auf die Gischt, das Meer. Ein, zwei Telefonanrufe zum Geburtstag aus der fernen deutschen Heimat machten den Tag bis dato perfekt. Es ist immer schön, wenn die Kumpels und die Familie an einen denken, obwohl man sich nur alle Jubeljahre in der Heimat blicken lässt – muss ja schließlich Länderpunkte sammeln. Dafür gibt's dann meist fleißig Postkarten oder in Zeiten von Facebook Reisegrüße per Selfie-Smile.

Goa Trance Music Club

Doch heute am Geburtstag sollte es noch hoch hergehen. Da in der Nebensaison keine Full-Moon-Partys arrangiert werden, blieb dennoch der Goa-typische Techno-Elektro-Dance-Beat in einem der lokalen Beachclubs am Abend. In irgendeinem bin ich dann voll versumpft, wie man so schön sagt. Im Dance Club wurde ich sogleich durch die

Bedienungen mit Folgendem begrüßt: „Everything what happens in Goa, stays in Goa" – den gleichen Spruch gibt es für Bahrain, das Rotlichtviertel des Mittleren Ostens, oder in Las Vegas. Ergänzend gilt es anzumerken, dass dafür besonders die Hochsaison im Dezember, Januar gemeint ist. Denn dann heißt es auch: „Come in the Season, fuck in the Season". Kein Wunder, dass dann auch viele russische Bären, englische Eroberer und australische Back(pa/fu)cker vor Ort sind. Ob Hoch- oder Nebensaison, orgiastische Trance- Höhepunkte gibt es auf den Tanzflächen allemal.

Fazit: bunter indischer Mix zum Wohlfühlen

„Ein bisschen more Cucumber" – die Werbezeile aus den 90er Jahren kommt einem in dem Kopf bei den zahlreichen kulinarischen Köstlichkeiten in Indien. Doch Essen ist das eine. Indien ist auch für Massagen und sonstige Wellnessaktivitäten zu empfehlen. Somit können ganze Tagesprogramme nach Gesichtsbehandlungen, Kopfmassagen und Dampfbädern ausgerichtet werden. Im Gegensatz zu Thailand gibt es hier lediglich gleichgeschlechtliche Treatments, weshalb die Happy-Endings spärlicher ausfallen – bei heterosexueller Veranlagung, versteht sich. Für die großen Städte am besten mindestens jeweils zwei Tagen einplanen. Die Wegstrecken zwischen den Metropolen überbrückt man am besten mit der Bahn oder dem Auto. Sehr abenteuerlich auf einem Tuk Tuk. Die Landschaft ist einmalig und die vielen Menschen laden zum Unterhalten ein – mit mehr als 100 Sprachen gibt's da eine riesige Auswahl. Neben Kultur und Landschaft eignen sich die Full-Moon Partys in Goa. Am besten im Dezember. Gekonnt kann man hier dem europäischen kalten Winter entfliehen.

Drei Kontinente in drei Wochen

Nach dem verlängerten Geburtstagswochenende in Indien stand der erste Sommertrip an. Zwei, drei Wochen sollten es schon sein. Je nach Wertigkeit der Länder mehrere Tage oder nur ganz kurz. Deshalb eine Nacht in Istanbul bei meiner Schwester. Das muss reichen. Weiterflug über Deutschland – Berlin mit Treffen von Kumpels. Sowie Ein-Tages-Layovers im Baltikum (Estland, Finnland, Schweden). Schwerpunktländer: Argentinien und Brasilien. Okay, mit jeweils drei Nächten wollte ich es hier auch nicht übertreiben.

Istanbul – zu Gast bei Freunden

Yalla, auf geht's: Istanbul. Orient trifft Okzident. Alt trifft neu. Bla bla. Alt trifft neu: gibt's überall in der Welt. Nichtsdestotrotz habe ich mich in die Stadt verliebt. Freundlichkeit der Türken, die Sprache, die zahlreichen kulinarischen Köstlichkeiten jenseits vom ‚Döner mit allem', die Geschwindigkeit, der Lärm. Einfach alles. Kurzer Abstecher zu meiner Schwester mit Family. Nichts Wildes. Deshalb nur eine Nacht. Denn ich war schon zigmal hier. Dank meiner Liebe zur Stadt kannte ich Istanbul schon aus dem Effeff. Besten Boerek gibt's in Beshiktas, Kumpir – eine mit leckerem Allerlei gefüllte Kartoffel im Ortsteil Ortakoey. Romantik erlebt man auf der Maiden-Insel. Einen tollen Blick gibt's vom Galata-Turm. Europäisch geht's im französischen Viertel zu, und zum Bummeln startet man am Taksim-Platz mit der Istikal-Straße. So weit, so gut. Doch dafür diesmal keine Zeit.

Berliner Luft von oben

Denn ich war ja schon unterwegs nach Berlin. Treffen mit Freunden. Mitbringsel in Form von kleinen Souvenirs. Meeting in meiner Lieblingsbar „Solar". Der Knüller: In der 14. Etage gibt's ein schickes Restaurant. Der Tipp: Wachtel! Eine Etage weiter oben ist eine coole Bar mit tollem Blick über die City. Geschichten aus Berlin und aller Welt lassen sich hier am besten austauschen. Das Date mit der Liebsten ist natürlich hier auch möglich.

Tallinn – deutschartige Stadt mit russischsprachigem Flair

Dann auf nach Tallinn. In der estnischen Hauptstadt auf dem zentralen Marktplatz der Altstadt sieht's aus wie auf dem Alter Markt in Köln. Da hätte ich ja auch da bleiben können. Der deutsche Ritterorden hat hier also seine Spuren hinterlassen. Einziger Unterschied zu Deutschland und Köln im Speziellen – hier wird mehr Russisch gesprochen. Estnisch gibt's auch – hört sich an wie Finnisch. Neben der üblichen Stadtrundfahrt in der Rikscha, dem Ansehen deutschtypischer Altbauten und dem obligatorischen Genuss des lokalen Wodka-Getränkes hat mich die Stadt nicht wirklich von den Socken gerissen. Gute Entscheidung für nur eine Nacht. Zudem stand ja am nächsten Tag die Hochzeitsfeier meines besten finnischen Freundes in Helsinki an. Da musste ich ja fit sein.

Powerplay in Helsinki

Mit der Fähre dauert es nur etwa zwei Stunden von Tallinn nach Helsinki. Der Plan: schnell im Hotel einchecken. Ein Power-Workout samt Power-Nap und dann ab, in Schale schmeißen für die Hochzeitsfete. Nichts da! Selbst im Radisson Blu könne man erst nach 14:00 Uhr einchecken. Echt? Nur ein Upgrade half in eine Suite und unter reinigende Dusche. Für ein paar Euro mehr, versteht sich.

Finnische Trinker und Hochzeitsreden

Es gibt ja Trinknationen wie Deutschland, England, Russland. Ha! Da habe ich doch beinah die Finnen vergessen. Schließlich hatte ich in meinem Afghanistaneinsatz das vorzeitige Missionsende zweier Nordmänner erleben dürfen, die wegen Trunkenheit nach Europa heimgeschickt worden sind. Deshalb wunderte es mich auf der finnischen Hochzeit auch nicht, dass bereits am Nachmittag um 15:00 Uhr zu Kaffee und Kuchen „Finlandia"-Wodka kredenzt wurde. Kein Wunder, dass zwei Stunden später meine Hochzeitsrede so begann: „Hey, liebe Freunde aus Finnland, ihr seid betrunken. Ich bin betrunken. Deshalb machen wir es kurz und ich lasse die finnische Übersetzung weg." Mir wurde das mit Applaus und Gelächter gedankt und ein neuerliches Prosit angehoben. Kippes – Prost! „Eine Fremdsprache lernt man beim Trinken oder auf dem Kopfkissen der Freundin", sagte mal eine Russischlehrerin an der Universität. Recht hat sie.

Zu dir oder zu mir – am besten, wir machen es gleich hier

Zwei, drei Wodka später bahnte sich eine finnische Überraschung auf der Tanzfläche an. Eine Einheimische wollte plötzlich ein wenig mehr als Händchenhalten. Problem: Nicht nur mit Kind und ehemännlichem Kegel vor Ort, machte ich mir so meine Gedanken ob des guten deutschen Gästeklimas, wenn ich da zum Zuge kommen würde. Will ich riskieren, dass ich hier durch die finnischen Hünen kaltgemacht werde und wir wieder die bösen Deutschen auf Eroberungstour sind? Nein! Das geht doch nicht. Doch da hatte ich die Rechnung ohne die finnische Gegenoffensive gemacht. Dem weiblichen Drängen konnte ich nur nachgeben und versuchte noch zu verzögern, indem ich die fehlende passende Lokalität ins Spiel brachte. Hotelzimmer? Ehemannalarm! Also, nein! Damenklo? Männerklo? Hm. Beides mit Gästen überfüllt, grübelte ich noch und sah das Schild des

Rollstuhlfahrers. Logo! Da ist eh keiner drauf, und mehr Platz braucht's auch nicht. Ein Mann muss tun, was ein Mann tun muss. Die Gene sind schuld. Die Geschichte sowieso. Deutschland wieder auf Eroberungstour.

Schlechtes Gewissen spült man runter

Bis dahin hatte ich die Nacht jedenfalls unfallfrei überstanden. Peinlich wurde es nur noch, als der Ehemann mir an der Hochzeitsbar einen ausgegeben hat. Nicht weil seine Herzdame mir den Hof machte, sondern weil ich ein guter Gast wäre. Wenn er sich da mal nicht getäuscht hat. Ich hatte jedenfalls ein schlechtes Gewissen, war aber zu betrunken, um irgendwelche Gespräche anzufangen bzw. weiter über den Sinn und Unsinn des Lebens nachzudenken.

Stockholm – schwedisches Berlin

Am nächsten Morgen erwartete mich die Fähre nach Stockholm. Eine Stadt, die aussieht wie Berlin. Nur dass das Wasser in den Kanälen und

Buchten salzig ist. Die Stadt ist relativ flach und mit schönen royalen Bauten versehen – na ja, Berlin halt. Ich habe deshalb fest eingeplant, irgendwann hier auch mal einen Marathon zu laufen. Vielleicht ist ja da auch eine schnelle Zeit drin.

Lissabon – wie im Hotel Mama

Nächste Station Lissabon. Dort quartierte ich mich bei einem älteren Ehepaar ein. Die Dame des Hauses war eine frühere Kollegin aus Saudi-Arabien, die bei ihrer Verabschiedung jeden zum Kaffee in die portugiesische Hauptstadt einlud, sofern man denn vor Ort sei. Dies ließ ich mir nicht zweimal sagen. Dank ihrer Gastfreundschaft durfte ich drei Tage bleiben. Ich fühlte mich wie im Hotel Mama. Das Ehepaar kochte für mich, chauffierte mich ins Spiele- und Formel-1-Paradies Estoril, vorbei an den unzähligen Stränden wie an der Côte d'Azur, zeigte mir Cascais und entfachte in mir die Liebe zum Portwein. Ich glaube, ich habe dort keinen Cent ausgegeben, obwohl ich beide immer wieder versuchte zum Essen einzuladen. Der Nachteil bei der Unterbringung bei Freunden ist – ich musste und wollte immer pünktlich zu Hause sein. Na ja, wessen Brot ich esse, dessen Liedchen ich sing. Aber damit konnte ich leben. Deshalb war an lange Partynächte nicht zu denken. Ein wenig Pause tut ja auch ganz gut.

Brasilianische Verblendung

Oh, mein Gott. Was wird nicht immer geredet von den Bikinischönheiten an der Copacabana. Weit gefehlt. Total übertrieben. Ich war für vier Tage in Rio und Sao Paulo. Die Frauen dort – nicht mal unter den Top Ten in der Welt. Klar, gut: im Fernsehen beim Karneval, wenn alle Schönheiten aus den Favelas zusammengekarrt werden und dann noch adrett zurecht geputzt TV-tauglich gemacht sind und uns das Fernweh packt. Dann halten wir Brasilianerinnen für Göttinnen! In der Realität jedoch: mitnichten. Totale Enttäuschung. Bei normalem Tageslicht nachmittags um drei unter der Woche auf den Straßen gibt es in Äthiopien, Weißrussland/Ukraine, Frankreich/Italien/Libanon, Japan/Thailand eher heiratsfähige Damen als in Brasilien. Zumindest können die Herren Fußball spielen. Fünfmal Weltmeister sind die Fakten. Zudem nur ein Wort: Pelé. Wer will da noch widersprechen? Ach ja. Caipirinha. Darauf lass ich auch nichts kommen.

Argentinien – im Hexenkessel des Tangos

Drei Nächte Argentinien. Die Heimat von Maradona. Mein Held der Fußball-WM 1986. Zwar gewann er die WM quasi im Alleingang. Doch ist er gottgleich. Mit Ecken und Kanten und mit der besagten Hand. Deshalb wollte ich in Buenos Aires auch in das Fußballstadion samt Museum. Ebenso Tangoshow, Wein und argentinisches Steak. So der Plan. Dürfte reichen für drei Tage.

Bei Ankunft am Abend Check für Wein und Steak in einem herrlichen Restaurant am Hafen. Die Nacht war kurz, denn am frühen Morgen wollte ich die Stadt erkunden. Zu Fuß und per Sightseeing-Hop-On-Hop-Off-Bus. Wie immer bei meinen Städtetrips. Will mich dann überraschen lassen und dann dort länger verweilen, wo es mir gefällt.

Hopplahopp ins Himmelbett

Nach dem morgendlichen mehrstündigen Fußmarsch durch die argentinische Hauptstadt war ich erst mal platt. Hungerast – würde mein Radsportidol Jan Ullrich sagen. Deshalb flugs in ein Café und Kohlenhydratauffrischung samt Koffeinschub. Nebenbei betrieb ich Kartenstudium und machte den Schlachtplan für die weitere

Tagesgestaltung. Prompt erspähte ich im Augenwinkel eine adrette Blondine, die interessiert herüberguckte. Scheint nicht alle Tage vorzukommen, dass jemand noch Karte und fast noch Kompass als Reisender verwendet. Mein Touristenspanisch half auch hier den Erstkontakt herzustellen und relativ schnell nach dem Abbacken der touristischen Highlights der City eine Verabredung in ein kleines Restaurant für den Abend klarzumachen. Von hier ging es dank Rotwein und anderer Spirituosen motiviert in eine Bar meiner To-do-Liste, und als das Taxi kam, endete die Fahrt in meinem Hotel. 4-Sterne-Doppelzimmer ist halt doch besser als ein 8-Mann-Hostel. Scheint so, dass, wenn ich alleine reise, ich nie alleine bin.

Kreuz und quer in Uruguay

Am nächsten Morgen bugsierte mich Señorita schnell aus meinem eigenen Bett, hatte ich ihr doch von meinem ehrgeizigen Plan erzählt, nach Uruguay eine Tagestour machen zu wollen. „Hey, Muchacho, los geht's. Die Fähre wartet nicht." Nun denn, langes Kuscheln – Fehlanzeige. Auf zum nächsten Land. Dort fühlte ich mich wie in einer mexikanischen Grenzstadt aus dem Fernsehen.

Sehr ländlich, spanisch, rustikal. Ich mietete einen Buggy und fuhr etwa zwei Stunden kreuz und quer durch die Lande. Doch ich musste höllisch aufpassen, dass ich mich nicht verfahre. Schließlich bin ich ein Schwachmat, was das Orientieren angeht. Ohne GPS bin ich aufgeschmissen. Ich fahre selbst noch in Riad mit Navi zur Arbeit. Sicher ist sicher.

Señorita – aus Erfahrung gut

Spätnachmittag wieder in Buenos Aires. Tangoshow. Pro Tischpärchen gab's 'ne Flasche Tinto (Rotwein). Ich Glückspilz! Señorita wollte nicht mitkommen. Tausendmal gemacht. Alles für mich. Top! Ich konnte hier jedoch keine Finisherqualitäten zeigen, sondern leerte den Wein nur zu 80 Prozent. Aber ist auch ganz gut. In der Show traf ich, bevor es losging, eine Portugiesin, die sich von den ganzen Reisen beeindruckt zeigte und mir Avancen machte. Hm. Wie bei der 90er-Jahre-Herzblatt-Show musste ich mich jetzt entscheiden – entweder portugiesischer Neuerwerb oder auf Nummer Sicher die argentinische Señorita der letzten Nacht? Ich zog die sichere Variante vor und kehrte heim ins Himmelreich des 4-Sterne-

Hotels. Für künftige Trips nach Argentinien wäre hier somit ein sicherer Hafen ausgemacht.

Paris – Mon amour

Rückflug nach good old Europe. Zum ersten Mal nach Paris. Der Stadt der Liebe. Allein. Nicht doch. Traf ich hier doch eine alte Freundin wieder, mit dem Plan, unterm Eiffelturm Baguette und Wein zu konsumieren. Wie romantisch. Genau. Aber im von England herübergeschwappten Regen musste umdisponiert werden. So logierten wir in einem französischen Café um die Ecke. Das ging auch. Ich erzählte ihr von meinem Sightseeing-Programm in Paris mit Eiffelturm, Seine, Stadtrundfahrt, Louvre etc. Immer wieder dachte ich, der Eiffelturm sieht doch aus wie der Berliner Funkturm oder der TV-Turm in Tokio in Japan. Aber alle Welt macht einen Riesenzirkus drum. Bei der späteren Fotoschau meinerseits hatte ich ihn dennoch auf jedem zweiten Schnappschuss abgelichtet. Man kann halt nicht ohne ihn.

Feilschen unterm Eiffelturm

Das Dinner war recht teuer. Wie so vieles in der französischen Hauptstadt. Selbst ein normaler Kaffee kostet bis zu acht Euro. Schnäppchen dagegen waren die Souvenirs. Unterm Eiffelturm traf ich einen Händler, der fünf Minitaturtürmchen als Schlüsselanhänger für einen schlappen Euro verkaufte. Ich wollte ihm den Tipp geben, doch einen höheren Preis zu verlangen. Doch entweder war mein Englisch-Französisch oder seines nicht so gut. Denn er gab mir für den gleichen Preis noch einen Turm obendrauf. Top. Denn ich bringe immer gern meinen Kollegen und Freunden kleine Mitbringsel aus aller Herren Ländern mit. Das freut sie und mich. Sehr schön.

Fazit – spare, spare, Reise baue

Finanziell war der Trip top. Flugpreis Stockholm – Lissabon – Sao Paulo – Paris für schlappe 1000 Euro. Zudem in jeder zweiten Location entweder bei Freunden oder Familie übernachtet. Das schreit künftig nach Couchsurfing. Da geht's dann immer für umsonst bei Onlinebekanntschaften. Sollte ich mir merken. Außerdem bestätigte sich hier erneut: Wenn das Mädel zu 80 % ins Restaurant kommt, dann ist sie zu 80 % mit in einer Bar dabei. Zweisamkeit im Bett ist dann auch bei 80 %. Es soll Leute geben, die es versucht haben, in so vielen Ländern der Welt eine Bekanntschaft für die Nacht zu machen. Ein Buchautor versuchte das mit ‚In 80 Frauen um die Welt'. Doch bei Nummer 20 oder so verliebte er sich und beendete die Tour. Ha. Keine Steherqualitäten!

Übers Dach der Welt nach Down under

Jetzt war ich bereits in allen Kontinenten außer Australien und Antarktis. Deshalb sollte es endlich mal Down Under sein. Am besten in Kombination mit Neuseeland. Aufgrund der Flugpreise und meiner Flexibilität stieg ich zunächst in den Flieger nach Nepal. Na ja, auch wegen des neuen Landes, versteht sich.

Nepal – Dem Himmel so nah

Katmandu – die Hauptstadt des Himalaya-Staates ist Expat-sagenumwoben: Basecamp, Höhenkrankheit, Erfrierungen, Spiritualität, Hiking,

Trekking, Bungeejumping, Lebensmittelvergiftung, Yoga – die Palette an Schlagworten bei meiner Vorabrecherche war bunt. Doch ich wurde nicht enttäuscht.

Deutsche Angst springt nicht

Bei Ankunft hatte ich sogleich den Eindruck, dass ich nach Katmandu hätte auch nackt reisen können. Denn gefühlt an jeder Hausecke gab es Rucksäcke aller möglichen Hersteller, von Trekking-Klamotten ganz zu schweigen. Gleichzeitig scheint man hier am Anfang des Lebens angekommen zu sein. Denn in den Läden gibt es neben Visa für jegliche asiatische Region auch Bus- und andere Verbindungsmöglichkeiten, angepriesen in großen Lettern. Mann, Mann, Mann. Ich hatte jedoch wie fast immer nur drei Tage. Deshalb erstmal einen Tages-Hiking-Trip gebucht, zudem Flug über den Himalaya und dann noch eine Wild-Water-Rafting-Geschichte. Für Bungeejumping und solche Abenteuer bin ich halt zu ängstlich. Habe das ja nicht unter Kontrolle – wenn das Seil reißen sollte. Wenn ich Matsch bin, habe ich ja auch nichts davon. Okay. Ich hatte keine Zeit – klingt als Ausrede männlicher.

Nächstenliebe auf dem Trampelpfad

Das Hiking mit Rucksack war sehr amüsant. Knapp acht Stunden auf und ab mit leichten Regenschauern an freundlichen Menschen vorbei: egal ob 40 Grad plus oder 40 Grad minus – der Nepalese an sich hat immer eine Zottelmütze auf, hat wettergegerbte Haut und sieht ein wenig schlitzäugig, fast spitzbübisch, aus. Und umweht wird er von einem buddhistisch-hinduistischen Hauch Nächstenliebe. Offen seien nicht nur ihre Herzen, sondern auch ihre kärglichen Häuschen. So eignet sich das Land einzigartig für Backpacker ohne großen Geldbeutel. Und davon gibt es in Nepal eine Unmenge. In Nepal trifft sich halt die Reise-Welt. Es herrscht ein Gedränge unterm Dach der Welt. Doch eines fällt auf: Mehrheitlich nicht gediente weibliche Wesen versuchen schwer bepackt, sich beim Hiking und im Buddha-Yoga-Tempel zu neuen mentalen Höhen zu bewegen. In der Armee gibt es Marschieren unter erschwerten Bedingungen fast jeden Tag. Ab und an auch mit Schießgewehr und Verantwortung obendrauf. Zudem wird Mann und Frau dafür bezahlt. Okay. Es geht nicht nach Nepal – eher schon in den Kosovo, nach Afghanistan oder Mali. Aber Länderpunkt ist Länderpunkt!

Nepal – das beste Land, leider ohne Strandzugang

Wenn Nepal noch Strandzugang hätte, wäre das Land ein Top-Five-Land. Denn nirgendwo sonst gibt es freundliche Menschen, kulturelle Vielfalt von buddhistisch-hinduistischem Local zum weltbereisten Trekker, leckere Speisen, günstige Lebenshaltungskosten, die Nähe zu Gott (welchem auch immer), militärische Elite (Gurkhas), 1-A-Kleidung (Kaschmirschals etc.) sowie eine hervorragende Szenerie sowie Aktivurlaubsgestaltung. Diese wird permanent untermalt durch ein Gewirr aus Autohupen, Shangri-La-Klängen, Glockengeläut sowie einem Sprachmix zwischen anglo-amerikanisch-lateinischem Indogermanisch bis hin zum Mandarin-Hindi-Nepali.

Rührei Deluxe am Straßenrand

Das Erste, was dem Backpacker bei der Hostel-Besichtigung in Nepal einfällt, ist nicht die Frage nach Strom oder Verpflegung, sondern nach heißem Wasser. Von Wi-Fi kann man hier bisweilen nur träumen. Auf dem morgendlichen Erkundungstrip durch Katmandu auf der Suche nach einem geeigneten Frühstücksplatz entdeckte ich das beste Essen der Welt: Ein-Dollar-Rührei eingewickelt in Zeitungspapier. Auf meinen Reisen habe ich schon vieles verspachtelt. Von 5-Sterne-Deluxe-Hummer bis zu Wachteln. Aber dieses Ein-Dollar-Frühstücksei schlägt alles. Das lag vielleicht auch daran, dass es nur einen Dollar gekostet hatte. Bestimmt jedoch am Ambiente.

Australien – surfen, bis der Arzt kommt

Weiter nach Australien. Bondi oder Manley Beach – Hauptsache, Traumstrand. Und wenn man schon mal in Australien ist, gehört es sich auch, einen Surfkurs zu machen. Besonders wenn man aus der brandenburgischen Provinz kommt und sonst eher zu Fuß unterwegs ist. Genauso wie in der „Baywatch"-TV-Serie der 90er Jahre waren die Surflehrer maßgeschneidert. Langes blondes Haar, wettergegerbte und sonnengebräunte Haut. Und natürlich der Waschbrettbauch. Ein Surflehrer ohne Sixpackbauch ist halt kein Surflehrer.

Es scheint so, dass alle Teenager der angloamerikanischen Interessensphäre nach Australien strömen, um Party zu machen. Es gibt unzählige Angebote von Surfcamps mit

Beachaufenthalten, Partybooten und sonstigen Offerten. Nebenbei gibt es immer Sauforgien – das kulturelle Bindeglied der westlichen Dekadenz. Genau wie im Kölner Karneval lautet das Motto: Da simmer dabei. Ja, das ist prima.

Neuseeland – Mordor ruft

Während Kanada meines Erachtens das bessere Amerika ist (besseres Englisch, kultivierter, intelligenter), ist Neuseeland das bessere Australien (cooler, abgeklärter, schönere Landschaft). Ob Hobbit-Town, Vulkane, einmalige Berge, super Seen sowie Bungeejumping, White-Water-Rafting oder Skydiving – alles ist möglich. Die Nordinsel rund um Taupo lässt das Sightseeing-Herz höher schlagen. Einmalig!

Fazit: In einer weit, weit entfernten Gegend

Das Tollste an diesem Trip: wieder einmal der Hammerpreis der Flugkosten. Ungefähr nur 1000 Euro. Das einfache Hin und Zurück nach Katmandu. Und dann Dreiecksflug Katmandu – Sydney – Auckland – Katmandu. Bei diesen Preisen muss man(n) und frau reisen, wie es so schön heißt. Da klappt es auch mit dem kostengünstigen Ländersammeln. Egal ob Australien oder Neuseeland: Ich wette, wenn beide Staaten nur eine oder zwei Stunden entfernt von Europa liegen würden, wäre der Kultstatus dahin. Die Ferne spielt halt eine wesentliche Rolle, um einen Ort attraktiver erscheinen zu lassen. Deshalb ist das Paradies auch nicht so leicht zu erreichen.

Doha zum Neujahrsfest

Nicht erst seit Saudi-Arabien versuche ich jedes Jahr Silvester an einem anderen Ort der Welt zu verbringen. Schon seit mehreren gehe ich diesem Spleen nach. Dann lässt es sich besser an das Jahresende erinnern. War somit schon in diversen deutschen Städten, Amsterdam, Istanbul, Prizren (Kosovo), Warschau und seit letztem Jahr Riad in Saudi-Arabien. Dieses Jahr Doha. Hauptstadt von Katar. Kleine Party mit Freunden. Nichts Wildes. Aber neuer Silvesterpunkt.

2012 – Alles, nichts, oder?

Japan – die perfekte Nation

Japan und Südkorea im Doppelpack gleich zu Beginn des Jahres. Schnell stellte sich heraus, dass die Japaner quasi die Deutschen von Asien sind. Nicht nur, dass sie sich im Zweiten Weltkrieg in Fernost durch ihren Eroberungskrieg keine Freunde gemacht haben – vielmehr werden sie von den Nachbarn stets mit Argwohn betrachtet. Autos bauen können sie auch. Zwei weitere Gemeinsamkeiten mit den Deutschen: Pünktlichkeit und Ordnung. Hier werden die Verspätungen der Züge in Sekunden gemessen, und an den Bahnsteigen gibt's extra Markierungen, damit jeder Fahrgast weiß, wo er zu warten hat.

Reiche Kultur gibt's nicht umsonst

Zudem haben die Japaner eine reiche Kultur, eigene Sportarten wie Karate, Judo, Kendo, Sumo. Das Essen ist weltbekannt. Ja, es gibt neben Sushi und Sake weitere Köstlichkeiten. Doch auf den Straßen von Tokio, Kyoto und Osaka observierte ich weitere Merkmale: die makellose Schönheit der Thais, gut organisierter Personennahverkehr wie in Singapur, Saufen wie die Russen, Perfektion wie Schweizer Uhrwerke und doch kreativ wie Berliner Künstler und dabei britisch rechts fahren. Ja, so sind sie, die Japaner. Doch das Ganze hat seinen Preis. Japan zählt neben Island, Dschibuti in Afrika und der Schweiz zu den teuersten Ländern der Welt. Mein Indikator sind die Souvenirs. Bierdeckel kosten hier umgerechnet fünf Euro. Und das sind noch die geringsten Preise. Der Preis ist heiß – auch im Winter!

Popo-Wärme dank beheizter Klodeckel

Und die Japanerinnen erst: Heiß sind nicht nur die Beine der japanischen Damen. Denn das müssen sie auch sein bei miniberockten Schenkeln knapp über dem Gefrierpunkt. Nein. Auch die Klositze laden zum längeren Verweilen ein. Ebenfalls heiß und sehr überraschend sind die 0,2-Liter-Kaffeedosen aus Automaten, die überall in Tokio rumstehen. Bei kalten Temperaturen im Winter wärmt man(n) somit die Hände und den Gaumen entweder am heißen Koffeingetränk oder an konfinierten Damenschenkeln. Da geht einem das Herz auf.

Während in Afrika die Fortbewegung ewig und drei Tage dauert, um von A nach B zu gelangen, düsen der Japaner und der Tourist dagegen hier durch Zeit und Raum. Am besten geht das zwischen den Großstädten im ICE-Äquivalent des Shinkansen. Die rasante Fahrt ist unspektakulär, denn es fehlen die nörgelnden Deutschen. Die Verspätungen und die ausfallenden Klimaanlagen und die unfreundlichen Schaffner sind auch nicht da.

Von französischen Küssen zu russischen Bären

Auftakt dieses Wochentrips sollte Frankreich sein. Hochzeit am Strand meines Kumpels Stefan mit seiner Stefanie. Wie romantisch. Top. Gefeiert wurde die deutsch-französische Liebe am Strand von Cap d'Agde. Nobel. Nobel. Drei Tage lang.

Freitag – der Auftakt mit Kennenlernen der Familien und des französischen Weines. Ich kombinierte den Trip doch gleich mit einem Abstecher nach Monaco. Vier Stunden Aufenthalt sollten reichen für ein, zwei schicke Fotos von Yachten und Ferraris und einem Selfie mit Champagnerglas. Zusätzlich absolvierte ich ein nettes Gespräch mit einem holländischen Pärchen. Natürlich über Fußball. Denn just zu diesem Zeitpunkt war die Europameisterschaft in vollem Gange.

Beschnuppern der Party People

Von Monaco mit zwei Stunden Verspätung die malerischen Strandpromenaden entlang mit dem Zug Richtung Westen. Auf zum Party-Platz der Hochzeit. Am Freitagabend sollten sich die Familie und Freunde kennen lernen und bei einem oder zwei Gläschen besser beschnuppern. Zudem wartete das Viertelfinale der EM mit deutscher Beteiligung. Deutschland machte wie immer den Sack zu. Selbigen Zustand hatte ich auch bald in der Nacht. So dass ich keine weiteren Erinnerungen mehr an den Abend hatte.

Französische Vokabeln im Beachclub

Am Morgen gönnte ich mir noch flugs einen relaxten Beachclub-Aufenthalt, wo ich erst mal an der geplanten Hochzeitsrede feilte. Deutsch-Englisch hatte ich schon, doch nach ein, zwei Glas Bordeaux fügte ich noch mit Hilfe der charmanten Bedienung ein holpriges Französisch hinzu. Der Abend konnte kommen. Ich war bereit. Très bien!

James Bond kriegt sie alle

Wieder eine Hochzeit. Wieder schwarzer Smoking. Wieder eine Hochzeitsrede. Ohne großes Aufhebens erschien wieder eine Dame aus dem Publikum, die mir die Aufwartung machte. Entweder liegt es daran, dass mein 1000-Euro-Smoking besonders James-Bond-like daherkommt, meine Hochzeitsansprachen immer den richtigen Pfiff haben, oder daran, dass es auf jeder Hochzeit in der Welt immer ein, zwei Damen gibt, denen es an Liebe und Zuneigung mangelt. Okay. Der Alkohol und die Partylaune können natürlich auch eine Rolle spielen.

Moskau, here we come

Um vier Uhr früh gingen die Lichter aus. Sprichwörtlich. Denn ich musste um 7:00 Uhr einen Flieger nach Deutschland bekommen. Schnell ins Hotel. Duschen, waschen, umziehen, Taxi – Airport, marsch! In Berlin/Potsdam – herzliches Wiedersehen mit Freunden am Wannsee. Nettes uriges Lokal. Erneut kurze Nacht. Denn Mütterchen Russland erwartete mich bereits am nächsten Tag.

Scheitern am russischen Metrosystem

Für Russland fühlte ich mich gewappnet: russische Freunde, Schulkenntnisse der Sprache, Geschichtswissen diverser Kesselschlachten. Doch als ich ankam, gestaltete sich bereits die Order für ein Tagesticket der berühmten Moskauer Metro als ein schwieriges Unterfangen. Nix verstehen. 1941 sollen deutsche Truppen auch etwa an der Metrostation in Moskau, 13 Kilometer außerhalb, zum Stehen gekommen sein. Geschichte wiederholt sich.

Der blonde Engel als Helferin in der Not

Die Dame hinterm Ticketschalter verstand mein Russisch überhaupt nicht. Ihres war für mich auch nur ein böhmisches Dorf. Wie im Film stand dann plötzlich ein blonder Engel neben mir. Die Rettung. Anfang 20. Hübsch anzuschauen. Sprach in Russisch auf mich ein. Ich parierte mit Englisch. Schon zog sie mich am Arm und wollte wissen, wohin ich wollte. Roter Platz. Lenin-Mausoleum. Ah. Dann ging es los. Russische Gastfreundschaft. Sehr überraschend – und unverhofft.

Mit dem 20-Dollar-Putin auf Facebook

Am Roten Platz angekommen, erwartete mich bereits der russische Präsident. Ja, richtig. Putin. Doch als ich auch Lenin und Stalin sah, dämmerte es mir. Aha. Doppelgänger. Schnell ein Foto machen und ab dafür auf Facebook. Nix da. „20 Dollars!", raunzte mich Putin höchstpersönlich an. „10?", probierte ich. „No, I am Putin." Okay. Wenn er Putin ist, wollen wir ihm mal glauben. Der blonde Engel nahm mein Smartphone. In den typischen weltmännischen Posen wie Shakehands, In-die-Kamera-Grüßen, Mit-dem-Finger-aufeinander-Zeigen usw. usw. waren schnell fünf, sechs Bilder im Kasten bzw. im Telefon.

Auskunftsschalter im 5-Sterne-Hotel

Es folgten die üblichen Aufnahmen auf dem Roten Platz. Selfie hier, Panorama dort. Klick, klick, klick! Jetzt noch schnell eine Sightseeing-Tour organisiert. Wenn kein englischsprachiger Touriservicemitarbeiter vorhanden ist, am besten ins nächste 5-Sterne-Hotel. Da werden Sie geholfen. Am besten beim qualifizierten Barmann nach Informationen fragen. Wodka hatte ich ja auch noch nicht. Als ich nach dem russischen Nationalgetränk fragte, reichte der Barmann mir ein Tablet und ich scrollte rund eine Minute die Wodkakarte durch. Beim zweiten oder dritten Glas gab er mir den Tipp zum Hauptbahnhof zu gehen. Von dort solle es Busse geben. Gesagt, getan.

Wodka connecting people

Mir nichts dir nichts stand ich vor diversen Ticketautomaten mit allerlei Destinationen. Ein russischer freundlicher Herr nahm sich meiner an. Wohin solle denn die Reise gehen? – Sightseeing und vielleicht St. Petersburg, meinte ich. Flugs löste er das entsprechende Ticket. Nicht für den Bus, aber für die Bahn. Teilstück der Transsibirischen

Bahn. Richtung St. Petersburg. In 30 Minuten Abfahrt. Retour in 24 Stunden. Ohne Sack und Pack ab in den Wagon mit russischer Familie und Wodka sowie ein paar Bier. „Wodka connecting people", hatte ich mal auf einem T-Shirt gesehen. Wohl wahr. Im besten Schulrussisch und Denglish gab es das eine oder andere Prost und Nastarovje auf die deutsch-russische Freundschaft. Die Weltpolitik schien keinen Platz zu haben in diesem Wagon. Solange der Alkohol fließt, ist der Weltfrieden gesichert. Soviel war klar.

Ohne Power keine Fotos

Bei Sonnenaufgang angelangt, löste ich sogleich ein Ticket für einen Touristenbus und einen Bootserkundungsfahrschein. Nach dem Frühstück startete der Bus. Ich war aber so übermüdet, dass ich die ganze Busfahrt verschlief. Nur ein, zwei Fotos. Welch ein Jammer in einer schönen Stadt. Nicht besser war es auf dem Boot. Trotzdem konnte ich irgendwo noch Souvenirs kaufen und diese für die Daheimgebliebenen mitbringen.

Eine russische Bar ohne Wodka ist keine russische Bar

Am Flughafen erlebte ich noch ein Highlight. In aller Euphorie über die letzten Tage wollte ich zwei reisende Russen zum Wodka einladen. Fehlanzeige. Jegliche Form von Spirituosen samt Bier wäre verfügbar. Aber kein Wodka. Echt? Ich dachte: ‚Eine russische Bar ohne Wodka ist keine russische Bar.' Egal. Bier geht auch.

Was mir in den drei Tagen Russland auffiel: Während die Russen scheinbar nie lächeln, obwohl sie auch glücklich sein können (beim Wodka zum Beispiel), lachen im Gegensatz die Thailänder fast immer (obwohl sie des Öfteren nichts zu lachen haben. Wird ja viel geputscht dort). Bevor ich in den Flieger stieg, stellte sich mir noch eine Frage: „Kann der Deutsche endlich in Moskau siegen? Fußballsiegfrieden 2018 bei der Fußball-WM? Oh. Bitterböse.

Vatikanwippe mit Ragazzi

Weiterflug nach Rom von Berlin. Ryanair-Maschine. Der Flieger voller Italiener. Parallel zum Start der Maschine Anpfiff Deutschland–Italien. Schon im

Abflug lagen die Deutschen mit 1:0 hinten. So ein Jammer. Bei Landung waren wir nicht nur am Boden. Auch die deutsche Elf hatte mal wieder gegen die Squadra Azzurra verloren. Trotzdem tolle Nacht in der italienischen Hauptstadt: der Mond scheint. Der Himmel sternenklar. Mein libanesischer Kumpel aus Beirut-Zeiten erwartete mich schon – wie abgesprochen. Sofort düsten wir an den siegestrunkenen Tifosi vorbei zur Vatikanstadt. Mist, abgesperrt. Egal. Auf der Absperrung lehnend, kassierte ich auch dieses Land. Check! Der Aufwand ist hier Beweis genug. Das Foto mit drei feschen Italienerinnen obendrein.

Fazit: Dress to impress

Für Hochzeitsfeiern braucht man eigentlich kein Hotelzimmer zu buchen, denn entweder übernachtet man bei einer akquirierten Feierbekanntschaft, macht die Nacht durch oder pennt auf der Tanzfläche ein. Um garantiert jemanden abzubekommen, sollte man entweder besser angezogen sein als der Bräutigam (geht, wenn schon mal verheiratet und einen 1000-Dollar-Smoking dabei. Als Frau gibt's immer eine Lady in Red).

Latin Love in Lima

Im Sommer auf nach Südamerika. Peru. Kurz vor ein Uhr nachts landete ich in Lima in der Erwartung, die ganze Nacht Salsa mit einer heißen Latina zu tanzen und das Feuer der Liebe zu entfachen. Manchmal kann man ja so naiv sein. Denn nicht nur, dass der Flug eine Stunde Verspätung hatte, gestaltete sich die Kommunikation mittels Taxifahrer-Touristen-Spanisch und iPhone-3-Sprachqualität nicht sehr toll. Konnte jedoch schon bei Landung relativ schnell merken, dass es wohl eher kompliziert werden würde, da nicht eindeutig ein Si oder No über das Telefon von der Dame zu vernehmen war.

Mit dem Wingman auf Vogeljagd

Nach gefühlten Ewigkeiten und Umwegen in Lima erreichte ich endlich das Hotel. Sogleich sah ich einen jungen Kerl. „He du, kannst du Spanisch und Englisch, ja? Dann frag mal die Tante am Telefon, ob sie heute Nacht noch hier aufschlagen oder nicht. Si or no." Somit zog ich mit dem jungen Herrn aus Chile als Wingman los. Er machte gute Arbeit, so dass wir alsbald zu viert unterwegs waren. Jeder mit einer Latina im Arm. Die Nacht war kurz, und für beide Damen gab es in den nächsten Tagen weitere Arrangements auszumachen. Das ist halt Südamerika.

Südafrikanischer Road-Trip mit Hindernissen

Zwei Monate später im Oktober wieder mal fünf Tage frei. Bei Überbrückung beider Wochenenden macht das knapp zehn Tage. Vier Länder sind bei ordentlicher Planung immer drin. Besonders in Afrika. Da ich schon immer einmal einen Road-Trip machen wollte, bot sich Südafrika erstklassig an. Am besten mit Freunden über mehrere Tage. Da wären Spannung, Spaß und Kontroversen garantiert. Denn durch profundes Kartenstudium fällt auf, dass das Land zwei andere unabhängige Staaten umkränzt: Lesotho und Swasiland. Mein Ursprungsplan sah vor, von Johannesburg nach Süden durch Lesotho über den sogenannten Sani-Pass zu fahren. Sehr herausfordernd und langsam. Dann mit einer Schleife Swasiland mitzunehmen und einen kurzen Abstecher über Maputo in Mosambik zu machen. Ende sollte in Johannesburg sein. Vier Länder in knapp zehn Tagen, über Stock und Stein – kurz, aber intensiv.

Mehr Sport, Party und Kultur durch neues Team

Doch da hatte ich die Rechnung ohne meine Reisepartner gemacht. Texas Buddy Clint, Südafrikanerin Marianne und Kollege Chris wollten entweder das schöne Kapstadt sehen, in Durban surfen oder einfach zum Partymachen nach Johannesburg. Mein Credo: Solange ich auf meine vier Länder komme, mache ich alles mit und plane für das Team den Trip. Muss ja sicherstellen, dass alles läuft. Also neue Route: von Saudi-Arabien runter nach Johannesburg und Weiterflug nach Kapstadt. Dann mit dem Mietwagen via Bloemfontein Richtung Osten, zum Frühstück nach Lesotho, Weiterfahrt durch Südafrika und Durchfahren von Swasiland, und dann nach Maputo für eine Nacht in Mosambik.

Aug in Aug mit dem großen weißen Hai

Nachdem Texas-Clint gleich zu Beginn beinahe die Schaltung unseres Vehikels ins Jenseits beförderte, indem er permanent im dritten Gang fuhr, erlebten wir am ersten Tag südöstlich in Gansbay unser erstes richtiges Abenteuer. Haifischtauchen im sicheren Käfig hatte den Vorzug erhalten vor Helikopterrundflug. Und wirklich, der Bootsführer des Ausflugskutters lockte die Haifische mit blutigem Fleisch an, so dass wir alle auf unsere Kosten kamen: Die Haie hatten etwas zu spachteln, die Touristen ein wenig Schreck und super Fotos. Schließlich kamen die Haie bis etwa eine Nasenspitze an die Käfigstangen heran. Ich hatte komischerweise kein flaues Gefühl, konzentrierte ich mich nur aufs Fotomachen. Als ich hinterher das große, aufgerissene Maul auf den Fotos sah, wurde mir dann im Nachhinein doch ein wenig mulmig.

Catfight am Grenzposten von Lesotho

Im Anschluss an die südafrikanische Dinner-Show, Hafentour, City-Walk, sowie Tafelberg aus der Ferne sehen, Weiterfahrt Richtung Osten. Frühstück in Lesotho. Zwei Stunden, so der Plan. Kurioserweise verlief der Grenzübertritt mit dem Auto rasend schnell. Bei der Ausreise nach unserem kleinen Frühstück merkten wir auch, warum: Uns fehlte ein Einreisestempel für Lesotho.

Das registrierte jedoch die verantwortliche Grenzbeamtin, hielt uns fest und vernahm uns in ihrem Büro. Wir beteuerten unsere Unschuld, dass wir einfach nur durchgewunken wurden. Das wollte sie nicht gelten lassen. Die Worte überschlugen sich und es wurde emotional. Master Chris konnte die Dame mit seinem Charme besänftigen und gab klein bei. Bei Grenzpolizisten hat man sonst keine Chance. Als wir fast schon aus dem Büro waren, entspann sich ein Catfight mit unserer weiblichen Reisebegleitung. Ich flüsterte ihr nur ins Ohr, dass sie bitte ruhig sein sollte. Denn wir waren ja schon fast im Auto. Nach noch ein wenig längerem Gezeter hätte nur ein Kuss sie beruhigen können. Denn wenn man isst und küsst, kann man nicht plärren.

Ordnung muss sein in Afrika

Dann weiter durch Swasiland. Quasi easy peasy. Falsch gedacht. Rein ging es diesmal ganz gut. Alles legal und richtig. Raus jedoch machte der Grenzposten Stress. Um uns irgendwelche Diskussionen zu ersparen, fragte ich sogleich, wieviel Geld er denn wolle, als er noch spezielle Papiere sehen mochte. Er bestand darauf, dass noch diverse Erlaubnisdokumente vom Mietwagen fehlten. Eine Weiterreise nicht möglich. Ich machte mir Gedanken, um unsere Zeitplanung. Wenn wir wieder zurück müssten, wäre der geplante Laenderpunkt Mozambique nicht mehr möglich. No way, Jose! Zum Glück fanden wir an diesem heruntergekommenen Grenzposten eine schäbige Bude mit Telefon und Tatsache: Ein Faxgerät. Dann lief es zack, zack. Ein Fax aus Kapstadt und die Weiterfahrt war geregelt. Einziger Herzklopfen-Moment fuer Swasiland.

Drei Strafzettel an einem Tag in Mozambique

In Mozambique hingegen hing es auch auf und ab mit unserer Gefühlswelt. Da ich mich als bester Fahrer anstellte und am wenigsten das Auto abwürgte, wurde mir die Ehre zuteil, den riesen Karren auf eine Schunkelautofähre zu pilotieren. Rangieren auf engstem Raum, denn gefühlt halb Afrika wollte mit auf der Überfahrt vom Festland auf die Maputo Insel von unserem Hotel. Zum Glueck ging alles gut. Doch innerhalb von 24 Stunden kassierte ich trotz deutsch-vorausschauender Fahrweise drei Strafzettel (Kurvenschneiden, Geisterfahrt, Baustellenblockade)

2013 – Im Jahr des Krokodils

Skybar zur Silvesterfeier

Auftakt dieses Asientrips: KL – Kuala Lumpur, die Hauptstadt von Malaysia. Zusammen mit arabischen Bekannten sollte Silvester gefeiert werden. Hoch oben in einer Skybar gegenüber den berühmten Petronas Towers. Später sollte dann noch mein Texaner-Kumpel Clint pünktlich zum Jahresend-Countdown erscheinen.

Arabische Organisation trifft auf deutsche Ungeduld

Nach dem Vorglühen am frühen Silvesterabend wollten wir jetzt zum eigentlichen Partykampfplatz. Ich ging davon aus, dass meine arabischen Freunde die Lokation klargemacht hatten. Tisch bestellt oder sowas. Aber weit gefehlt. Nix da. Schon während der Anfahrt im Taxi merkte ich, dass da nichts organisiert war. Ich Blödmann hätte ja mal fragen können? Wilde Menschenmengen und eine schnelle Raum-Zeit-Berechnung bedeuteten mir jedenfalls nichts Gutes. Silvestergong ohne Kumpel Clint und ohne Champagner oder zumindest Sekt. Das geht ja gar nicht! 20 Minuten bis zum neuen Jahr. Wo ist Clint? Wo ist die Party? Die Zeit drängte. Immer noch standen wir im Foyer des Hotels und warteten auf den Lift. Okay. Gefühlt einhundert andere Partywütige warteten ebenso auf Einlass. Wir hätten da schon vor zwei Stunden sein müssen, dachte ich. Hätte, hätte – Fahrradkette. Natürlich bin ich ungeduldig. Doch selbst der Alkohol im Blut konnte mich nicht runterbringen. Mannomann!

Geteiltes Leid ist halbes Leid

Endlich! Zumindest Clint war jetzt da. Schnellbriefing an ihn: „Arabische Organisation. Nichts vorbereitet. Keine Tickets. Vorwärts, auf zur nächstbesten Bar. Ich bezahle Champagner!" Clinton, zwar ohne soldatischen Background, aber durch amerikanisch-texanische Abstammung bestens militärisch geschult, erkannte den Ernst der Lage und stürmte mit mir sogleich von dannen. Straße runter. Zehn Minuten to go. „Da, eine Bar links, oder besser das Restaurant auf der rechten Straßenseite?" Fünf Minuten noch. Die Zeit drängte. Puls bei 180. Ich entschied mich für die Bar. Gute Wahl.

Ende gut, alles gut!

Der Barmann guckte verdutzt, als ich sofort eine Flasche Schampus bestellte, ohne dass ich den Preis wissen wollte. Bei zwei Minuten vor Mitternacht darf man halt nicht lange fackeln. 4, 3, 2, 1 – Prost. Mit Super-Amikumpel, Schampus, Feuerwerk und den Petronas Towers im Rücken auf ins neue Jahr. Top! Silvesterabend gerettet.

Traumhafte Halong Bay – auch bei Regen

Bereits nach vier Stunden Schlaf fuhr mich mein Taxi zum Airport nach Vietnam. Ohne Clint. Als Ami hat er für das kommunistische Vietnam kein Visum erhalten. Bei Ankunft wurde ich sogleich von einer lokalen Reisegruppe abgeholt. Es ging zur Halong-Bucht. Mit Rucksack bewaffnet, versteht sich. Denn die Zeit zu verschwenden, erst ins Hotel zu fahren, hatte ich nicht vor. Schon vor Ankunft hatte ich entsprechend einen Fahrer geordert, inklusive

Ticket für die Fahrt in der wunderschönen Bucht. Leider war der Himmel wolkenverhangen, und leichter Nieselregen kam hernieder. Halon Bay bei Sonnenschein wäre natürlich besser gewesen, ging aber auch so. War schon okay. Das Ganze erinnerte ein wenig an Thailand samt den kleineren Buchtabschnitten. Für abendliche Partyveranstaltungen war ich doch zu müde, und ohne Wingman war die Luft eh raus. Und irgendwelchen vietnamesischen Bezahldamen aufzusitzen – danach stand mir nicht der Sinn.

Weiterflug von Hanoi nach Hue. Dort zehn Stunden Aufenthalt. Schnell mit Taxi die ganzen Sehenswürdigkeiten abgefrühstückt und weiter im Zug Richtung Süden: Ho-Chi-Minh-Stadt. Von dort ging es sogleich weiter Richtung Kambodscha.

Phnom Penh – Ballern wie in Texas

Mit dem sogenannten Chicken Bus unterwegs von Vietnam rüber nach Phnom Penh. Dort sollte ich meinen Texaner-Kumpel wieder treffen. Schießen wollten wir gehen, und ein bisschen Party machen. Typisch texanisch. Eine Nacht in der kambodschanischen Hauptstadt und dann zwei Nächte nach Siem Reap, wo es die Altertumsruinen von Angkor Wat gab – bekannt aus Lara-Croft-Movies. Schnell frisch gemacht im Hotel, machten wir uns sogleich mit einem Tuk Tuk auf die Socken – ab zur Ballerei. Maschinengewehr feuern, Posen auf alten Russenpanzern und dann Durchstöbern der Clubs der Nacht.

Gangnam Style auf dem Tresen der Welt

Von einer Tanzbar zuckelten wir zur nächsten, bis wir irgendwo bei Wodka Red Bull und acht lokalen weiblichen Schönheiten hängenblieben. Der Alkohol, die Hitze und das Travelfieber halfen, um schnell das Tanzbein zu schwingen. Texas Clint steppte sogar auf der Bar zu Gangnam Style – dem Trendsong der Stunde. Unser beider Performance reichte, um zwei der Mädels klarzumachen und mit nach Hause zu nehmen. Challenge: Hatten ein Doppelzimmer gebucht.

Alter vor Schönheit beim Stelldichein

Während es im Film „Stalingrad" aus den 1990er Jahren in so einem Fall nach Dienstgrad ging, war hier natürlich das Alter gefragt. Deshalb bekam ich den Vorzug. Die Gnade der frühen Geburt also. Der

Texaner machte es sich mit seiner Eroberung am Pool gemütlich. Somit hatte ich das Zimmer zur trauten Zweisamkeit zur Verfügung.

Poserplan endet im Hospital

Die nächsten beiden Tage führten uns mit einem Boot nach Siem Reap. Mein Plan: einarmige Liegestütze auf Video aufzeichnen. Klar, im Hintergrund mit den Tempeln von Angkor Wat. Stupide Selfie-Bilder kann jeder und sind so langweilig. Trotz tausend Likes der immer gleichen lächelnden Fratzen. Doch während des Tages machte sich mein Magen bemerkbar. Und in der Tat: Irgendwo hatte ich mir etwas eingefangen. Selbstdiagnose: Lebensmittelvergiftung. Eiswürfel im Gin Tonic, Salatdressing, oder, oder, oder. Als Vielreisender verzichtete ich ja grundsätzlich auf solche Geschichten. Aber diesmal hat es mich voll erwischt. In der Tat nahmen die Magenkrämpfe zu. Diarrhö sowie Frontalauswurf führten schnell zu Dehydrierungserscheinungen, denn jegliches zu mir genommene Wasser kam sogleich wieder raus. Zudem hatte ich permanenten Brechreiz. Daueraufenthalt auf dem Klo. An Liegestütze und Kulturstätte war nicht zu denken. Die ganze Nacht

hieß es: Wasser rein, Wasser raus. Dehydration.
OMG!

Marsch, marsch ins Krankenbett

Am nächsten Morgen fühlte ich mich so elend. Die
Lippen trocken. Total ausgelaugt. Alles, was ich
wollte: nur einen Arzt sehen, der mir schnell helfen
konnte. Doch zunächst sollte ich ein DIN-A4- Paper
ausfüllen. „Mensch, sind wir hier in Deutschland mit
dem gesamten Bürokratiewahn?", fragte ich mich.
Doch um schneller geholfen zu werden, hielt ich die
Klappe, machte keine Anstalten und bezahlte auch
schnell die paar Dollar. Wieder war ich glücklich,
immer mehrere Hundert Dollar in bar
dabeizuhaben. Kartenzahlung wäre in der kleinen
Arztpraxis sicher nicht möglich gewesen. Endlich
erhielt ich ein Medikament. Doch der Tag war im
Eimer bzw. im Bett. Krank.

Texanische Krankenpflege

Texas-Bube Clint verbrachte inzwischen einen
tollen Tag an kultureller Stätte und kam
freudestrahlend heim. Prompt mutierte er zum
Krankenpfleger und gab mir ordnungsgemäß meine
Medikamente, schmierte mir ein Butterbrot und
machte mir Tee. In solchen Reisemomenten war

ich froh, mal nicht allein zu reisen. Zum Glück wirkten die Medikamente, und ich konnte am nächsten Tag mit Zwieback und Wasser bewaffnet doch noch die Tempel sehen. Für die einarmigen Liegestütze aktivierte ich all meine Kräfte. Zehn Sekunden Video waren dann schnell im Kasten.

Gefangen in Kasachstan

Man hat ein Land nur bereist, wenn man entweder im Krankenhaus war, im Gefängnis, auf einer Hochzeit, oder ein nettes Mädel kennengelernt hat. So jedenfalls das Motto diverser Reisenden, die ich unterwegs treffen konnte.

Schnell aus Kirgisien raus, nach Kasachstan zurück und dann ab in die Heimat. So der Plan. Doch machte ich die Rechnung ohne den Wirt, sprich ohne das fehlende Multi-Re-Entry-Visum. Dachte bis dato, das gäbe es nur für Saudi-Arabien. Nachts um zehn erreichte ich schon leicht übermüdet den Airport in Almaty. Am nächsten Morgen Weiterflug über das kasachische Astana nach Abu Dhabi. Aber nichts da. Ich hätte lediglich ein Visum, das nur zur einmaligen Einreise berechtigt. Dies teilte mir die freundliche, aber bestimmte kasachische Grenzpolizistin bei der Ankunft mit. Natürlich alles in russischer Sprache. „English, nix English!" Mit meinem radebrechenden Schulrussisch gab ich ihr zu verstehen, dass ich eh nicht richtig einreisen wollte, sondern quasi nur beabsichtigte, einen Zwischenstopp einzulegen, um dann in die Heimat zu fliegen. Auch das Ausstellen eines Transit-Visums war nicht möglich. So ein Pech.

Reisetipps aus Palästina

So endete ich in einer Zwei-Quadratmeter-Zelle zusammen mit einem Palästinenser. Ich kalkulierte mit rund 2500 Euro Extra-Flugkosten für ein neues Ticket von Kirgistan wieder zurück nach Hause. Von zwei oder drei Tagen Extra-Urlaub gar nicht zu reden. Ich versuchte mit meinem Leidensgenossen in der Zelle Kontakt aufzunehmen. Er wollte mir bereits Tipps geben, wie ich denn aus dieser Not herauskommen könnte. Als er mir sagte, dass er bereits seit acht Tagen hier festsaß und wegen seiner Visumgeschichten nicht nach Hause fliegen konnte, dachte ich mir, dass er wohl nicht der perfekte Ratgeber sei.

Freies WLAN rettet die Welt

In meiner Not fand ich heraus, dass der Airport freies Wi-Fi hatte. Ich checkte direkt Flüge, und zum Glück gab es bereits am nächsten Morgen einen Weiterflug nach Abu Dhabi. Ich versuchte es mit meinem spärlichen Charme bei der neuen Frau Wachoffizier und meinte nur, dass ich aus der Transitzone einfach weiterfliegen wollte. Mein Flehen machte Eindruck und die Dame war zugänglicher als die Frau Offizier von der Nachtschicht. Ich fühlte mich wie im Film – „The last King of Scotland" –, als der Hauptdarsteller vor der Mörderbande in letzter Minute mit einem Flieger entkommen konnte. Ich wurde zwar nicht gejagt – jedoch musste ich zur Arbeit und wollte mir nicht die Blöße geben, einen Reisefehler gemacht zu haben. Ich war überglücklich, als ich dann im Flieger saß.

Jetski-Power in Bahrain

Neuerlicher Trip nach Bahrain im Mai. Diesmal wieder Party, Party, Party. Parallel zu meinem Reisehobby hatte ich in Riad nebenbei etwa alle zwei Wochen Dinner für die Ausländergemeinde organisiert. So lernte ich immer wieder sehr nette

Leute kennen und lieben. Doch irgendwann wollte ich mehr und begann kleine Feten ins Leben zu rufen. Meist mit sehr chilliger, relaxter Atmosphäre, um den Tag ausklingen zu lassen. Also bei bestem Sonnenuntergang.

Erstmalig wollte ich das Format auch im Nachbarland Bahrain antesten und verabredete mich mit etwa 20 Kollegen, Freunden und Bekannten aus Riad, Bahrain und UAE. Ich beorderte die Leute zu einem Beachclub. Eintritt 20 Euro. Live-DJ, kleine Strandbar sowie Jetskis zum Mieten. Plan war: von 14:00 Uhr bis ca. 20:00 Uhr Essen, Trinken, Jetski fahren und eine gute Zeit haben. Die Sonne hoch am Himmel, im Hintergrund die Skyline von Bahrain, Alkopops im Schädel und mit fetziger Hiphop-Musik das Wochenende genießen. Frauenrate 50 %, was auch nicht immer vorkommt, und dann mit den Jetskis und 1,5 Promille im Blut das Leben genießen. Ein bisschen Spaß muss sein.

Sundowner at its best

Nach ca. drei Stunden Vollgaudi ging uns langsam die Puste aus. Gleiches galt für die Sonne, die sich dem Tiefpunkt näherte und lange Schatten warf.

Deshalb: flugs die Sonnenliegen ins flache Wasser bugsiert und mit der Feierschar Richtung Sonnenuntergang gedreht und das Kaltgetränk genossen. Schon klar, dass an dem Abend nicht mehr allzu viel ging. Denn der Alkohol und die heiße Sonne knallten den Schädel weg. Zwar machten wir noch einen kleinen Abstecher in eine Rooftop-Bar. Doch die Wodka Red Bull zündeten nicht wirklich, weshalb auch schon um kurz vor elf die Lampen ausgingen. Gute Nacht, Marie!

Champagner-Brunch marsch, marsch!

Als notorischer Frühaufsteher hielt ich es nicht lange im Bette aus und trommelte einzelne Mitstreiter auch aus den Federn. Bereits um etwa zehn Uhr morgens gab es den Frühschoppen in der Poolbar des Hotels. Prost! Irgendwoher hatte ich spitzgekriegt, dass es im Radisson Blu für knapp 50 US-Dollar ein All-You-Can-Eat-Buffet mit Champagner gibt. Das wollte ich mir nicht entgehen lassen. Mit zwei, drei Mitstreitern machten wir uns im Taxi auf den Weg. Gleich dabei das Gepäck, um vom Futtertrog dann schnurstracks zum Flughafen zu düsen. Planung ist alles.

Essen, was das Zeug hält

Bei Ankunft im Radisson Blu offenbarte die Eingangshalle in der Tat eine reichlich gedeckte Tafel, die keine Wünsche offenließ. Das sollte wahrlich das Highlight werden. Egal ob Dubai, Abu Dhabi oder Bahrain. Freitags gibt es in größeren Hotels im Nahen Osten solche Champagner-Brunches inklusive Bier und ausgesuchten Weinen. Da lohnt es sich, zwei, drei Tage vorher Diät zu machen. Denn dann kann man das ganze Futter besser genießen.

Gläser-Auffüllung schneller, als die Polizei erlaubt

Noch bevor das Glas fertig geleert war, gab es schon die nächste Ladung. Live Music einer Band wechselte mit einem Elektro-DJ. Passend dazu: Nur etwa zehn Meter neben den Tischen und der Musikanlage gab es einen kleinen Pool mit Schwimmelementen. Champagnerglas schwuppdiwupp in die Hand und auf die Luftmatratze. 35 Grad. Sonne pur. Das schlägt ein. Ich kam sogar auf die Idee, Feldversuche zu machen, wie denn die optimale Füllmenge des Champagnergleises sein muss, damit das Glas entweder nicht untergeht oder nicht umkippt, wenn ich es neben mir im Wasser schwimmen lasse. Ergebnis: 30–70 %.

Insgesamt ist ein solches Gelage besser als der Ballermann auf Mallorca und im Ganzen sicher auch günstiger. Zumindest für den Tag. Ein Geheimtipp bei einem Besuch im Nahen Osten auf jeden Fall.

Profiklettertreff in Island

Im August reiste ich zunächst nach Irland und von dort nach Island. Mit leichten Klamotten platzte ich direkt in die hervorragend ausgestatteten Klettermaxen und hartgesottene Hiker-and-Trekker-Community am Flughafen in Reykjavik. Ich fühlte mich da als kleiner Anfänger. Alle schienen sich hier für die Mount-Everest-Basecamp-Besteigung fertig zu machen. Ich dagegen hatte meine Reiseerfahrungen bis dahin im Schwerpunkt nur in Städten gesammelt – in Jeans, Hemd und Business-Jackett. Egal. Erst mal schnell ins Gästehaus und morgen dann frisch weiter planen.

Klitschnass in Reykjavik

Im Sammeltransport fuhren wir zu irgendeinem Marktplatz. Es regnete in Strömen, und meine wasserdichte Goretex-Jacke war natürlich im Rucksack ganz weit unten. Genauso wie meine Motivation, als ich den Bus verließ. Im Dunkeln tapste ich hin und her und wusste nicht so recht, wohin. Schon klitschnass, verfluchte ich das teure Island. Denn für das Gasthaus musste ich 60 Euro berappen, und wie sich hinterher herausstellte, für gerade mal zwei Quadratmeter. Zum Glück nahm mich ein Einheimischer ein Stück mit zur Adresse des Hauses. Mitten in der Nacht machte keiner auf. „So eine Scheiße", dachte ich. Ich zückte das Telefon und rief die Nummer an. Der Hausherr würde in ca. zehn Minuten erscheinen. Mannomann. Nächstes Mal wieder ein ordentliches Hotel. Vollkommen durchgeweicht konnte ich die wärmende Dusche hinterher genießen.

Happy-Ending in der Blue Lagoon

Die nächsten drei Tage verbrachte ich in Höhlen, beim Hiking im Regen und in überteuerten Bars. Das Beste kam jedoch zum Schluss: Am Flughafen gibt es die „Blue Lagoon" – eine heiße Quelle. Das

Thermalbad zieht alle Touristen magisch an. Denn inmitten der knapp 35 bis 40 Grad Wassertemperatur steigen heiße Dämpfe auf, die man am besten mit dem lokalen Bier und ein wenig weißer, reinigender Pampe im Gesicht garniert.

Hammer Grönland

Als ich einem Freund vor meinem Abflug erzählte, es ginge für mich nach Island, meinte er, ich müsste unbedingt nach Grönland. Zumindest für einen Tagestrip. Okay. Zwar kein eigenes Land, aber immerhin was Besonderes und dazu ein bewohntes Territorium. Gehört politisch ja zu Dänemark. 400 Euro für zwei Stunden Flug, vier Stunden Aufenthalt und wieder zwei Stunden zurück. Nicht billig. Aber ist halt Grönland. Schon aus der Luft zeigte der Wettergott, dass er es gut meinte. Der blaue Himmel war bei Landung noch viel schöner als in der Luft. In Kombination mit dem Wasser, dem Restschnee und dem Eis – einmalig. Als Flachlandbrandenburger hatte ich es ja nicht so mit dem weißen Zeug, und bei dem milden Winter in der ostdeutschen Provinz gab es nicht viel. Doch die vier Stunden in Grönland: der Hammer! Die knapp 400 US-Dollar Flug- und Aufenthaltskosten: jeden Cent wert! Der Tipp schlechthin!

Kuba – Rekordtrinken leichtgemacht

Wieder zurück in Island flog ich dann über den großen Teich. Zwei neue Länder: Kanada und Kuba. An Kuba kann ich mich noch genau erinnern. Denn dort stellte ich zwei persönliche Rekorde auf. Trinktechnisch, versteht sich. Der früheste Drink – Cuba Libre, was sonst – um kurz vor 7:00 morgens. Denn nur die Hotelbar hatte immer noch oder schon wieder geöffnet. Weder der Tourischalter noch ein Einchecken waren möglich. Denn mein Flieger erreichte die Hauptstadt in aller Hergottsfrühe. Was blieb: lokale Köstlichkeiten genießen. Das gehört zum Bereisen eines Landes ja dazu. Somit schon gegen neun auf einen ansehnlichen Alkoholpegel eingeschossen. Deshalb ging das Einchecken und das Buchen eines Tagestrips wie geschmiert.

Den zweiten persönlichen Rekord konnte ich eben auf diesem Tagestrip in einem All-Inclusive-Resort aufstellen. Für knapp 100 US-Dollar war alles dabei: Essen, Trinken, Beach-Life. Ungefähr fünf Bars boten allerlei Alkoholika. Dies ließ ich mir nicht nehmen und schoss mich schon gegen Mittag ab. Folgerichtig der erste Toilettengang bereits um ca.

13:00 Uhr. Aber so genau kann ich mich daran nicht mehr erinnern. Verständlich. Filmriss danach.

Fazit: Trink, Brüderlein, trink in Kuba

Generell hatte ich den Eindruck, dass es in Kuba gefühlt alle 500 Meter eine Bar gibt. Entweder als kleiner Einmannbetrieb mit Bauchladen, ein Fahrradanhänger oder was richtig Nobles. Natürlich gibt es auch Touristenbuden wie die Bar von Hemingway. Mit ein wenig Touristenspanisch und freundlicher Miene gibt's da auch Freigetränke, gesponsert von netten Mexikanern.

In der finnischen Saunahitze

Bevor ich wieder in die saudische Heimat flog, machte ich von Kuba kommend einen kurzen Abstecher in Helsinki zu meinen finnischen Freunden. Mein Freund Vesa hatte extra einen typischen Saunagang organisiert. So mit Grillen, finnischen alkoholischen Köstlichkeiten sowie dicht an der Ostsee. Insgesamt waren wir vier Mann in der kleinen Hitzekammer. Jeder hatte das obligatorische Bier – das Aroma vom erhitzten Weizen erinnerte mich an meine Kindheit. Da hatten wir immer Toast auf dem Grill. Gleicher Geruch. Da kommt Freude auf – zumal der Alkohol durch die Hitze doppelt knallt.

Die Erleuchtung in der baltischen See

Als notorischer Nicht-Saunagänger (ist mir zu heiß) konnte ich es nach knapp 20 Minuten nicht mehr aushalten. Ich gab mir die Blöße und fragte nach dem Prozedere, wann denn endlich der Hitzeraum verlassen werden könne. „Na, jetzt", meinte mein Kumpel verschmitzt, machte die Tür auf, nahm Anlauf auf dem kleinen Steg und sprang mir nichts, dir nichts in die baltische See. In der Schule hatten wir ja gelernt, niemals in unbekannte Gewässer zu springen. Aber wenn der Finne das kann, dann muss es wohl gehen. Ohne groß zu zögern: 50 Meter Sprint und plopp ins Wasser. Ich glaube, das ist in all den sechs Jahren des schnellen Reisens einer der intensivsten Momente meines Lebens gewesen. Im Moment des Eintauchens fühlte ich mich so hell, so klar. So glücklich. So erfrischt. Kein Wunder, von knapp 50 Grad plus auf knapp 10 Grad über Null heruntergekühlt. Mein Gott! Das Leben ist schön. Kaum aus dem Wasser – der ganze Körper hart wie schockgefroren –, hatte ich schon das nächste finnische Bier in der Hand. Kippes!

Waka Waka – this time for Africa again

Im Oktober 2013 hieß es wieder: this time for Africa. Vier Länder auf einen Streich in zehn Tagen. Sambia, Simbabwe, Botswana, und Südafrika als Flughafendrehkreuz. Mit dabei mein deutscher Freund Christian, der in Südafrika studiert hat und der sich in der Gegend auskennt. Top. Zwei Abenteurer und Weltreisende auf Tour. Um effektiv die ersten drei Länder zu bereisen, kommt man an Livingstone als Ausgangspunkt nicht vorbei. Denn dort in der Gegend befindet man sich im Dreiländereck. Zudem warten dort die Victoriafälle mit dem berüchtigten Devils Pool. Der sollte auf dem Trip mitgenommen werden, denn hat man nicht drin gebadet, war man nicht in Sambia. So viel steht fest! Die Videos auf YouTube versprachen schon vorab helle Begeisterung.

Das Nilpferd im Kinderpool

Der Plan war, vor Ort im angemieteten Hotel einen Reiseveranstalter aufzutun und diverse Sachen zu buchen wie Cross-Country-Taxifahrten sowie Sightseeing-Tours zum Teufelspool. Doch bis der lokale Reiseexperte zu uns in unsere Bleibe kam, machten wir es uns mit einer Flasche Rotwein im kleinen, aber feinen Hotelpool gemütlich. Nach ca. einer halben Flasche gesellten sich diverse Locals hinzu, mit einer Big Fat Zambian Mama – wie im Film. Gefühlt eintausend Kilogramm Lebendgewicht hoben den Wasserspiegel im nun viel zu kleinen Pool merklich an. Darauf gleich noch einen Schluck aus der Pulle. Mit Alkohol, zumal gutem Roten aus Südafrika, lässt sich so manches ertragen.

Dann endlich kam der Touristenguide, bei dem wir diverse Trips buchten. Von Helikopterflug über die Wasserfälle, Devils Pool bis hin zu Botswana-Wassersafari. Alles aus einer Hand. Bei späteren afrikanischen Touren buchte ich jedoch alles im Voraus, denn in manchen Ländern ist die touristische Infrastruktur sehr schwach.

Teufelspool – der Kick in Sambia

Am nächsten Tag: der Teufelspool. Gesehen im Internet auf YouTube. Das gehört zu Sambia beim Besuch der Victoriafälle. Nicht zu verwechseln oder in die geographische Nähe zu bringen mit dem Viktoriasee. Zwar auch in Afrika, aber viel weiter nördlich. Der Teufelspool ist eine kleine, unter der Wasseroberfläche befindliche, etwa zwei Meter tiefe Mulde. Darüber hinweg sausen die Wogen der Victoriafälle. Kurz vor der Abbruchkante ist eine etwa 80 Zentimeter lange Ebene, auf die sich die Mutigen unter uns legen können – festgehalten durch den lokalen Guide – sicher ist sicher. Beim Selfie-Foto – meist geschossen durch einen Begleiter oder einen anderen Guide – sieht das Ganze sehr spektakulär aus. Hinterher gibt es dann noch ein kleines, sehr schönes Frühstück mit Eggs Benedict. Sehr edel!

Simbabwe: Krokodil zum Mittagessen

Um die Victoriafälle in aller Pracht zu genießen, muss man auch auf die andere Seite der Grenze. Natürlich geht's auch hier wieder um den wichtigen Länderpunkt. Somit machten wir uns auf den Weg mit unserem überteuerten Fahrer. Von Weitem sahen wir die rauschenden Wassermassen sich in die Tiefe stürzen. Uns teilte man mit, dass es in der

Regenzeit noch stärker sei. Nichtdestotrotz war der jetzige Anblick schon beeindruckend. Gut erinnerten wir uns an unser Bad im Devils Pool, als wir auf der sambischen Seite diverse Touristen sahen – in typischer Selfie-Pose, versteht sich.

Mit Mugabe auf du und du

Nach der Sightseeing-Tour dinierten wir sehr chic in einem Hotel im Kolonialstil. Zum ersten Mal hatte ich Krokodil. Das schmeckte wie eine Mischung aus Huhn und Fisch. Lecker. Zudem leerten wir bei lebensphilosophischen Gesprächen die eine oder andere Flasche Wein. Dabei erzählte mir mein Reisefreund von seinen Zeiten in Südafrika. So kannte er den Präsidenten Mugabe von Simbabwe persönlich. Das sagte er so nebenbei. Ich fragte, wie er den denn kennengelernt hatte. Da meinte er, Winnie Mandela habe sie einander vorgestellt. Da war ich baff.

Feuer auf dem Flussboot

Doch auch die zweite afrikanische Geschichte von Christian hatte es in sich: denn zu Studienzeiten war er mal eingeladen zu einer Bootstour mit feinem Zwirn, Grill und Open Bar. Der Grillmeister stand auf dem Achterdeck hinten und grillte bei offenem Feuer die Steaks und Würstchen. Die Tour fand auf dem Sambesi Fluss oder Nil statt. Als das Boot dann eine 180-Grad-Drehung machte, um wieder zurückzufahren, blies der Wind nun nicht mehr von hinten, sondern von vorn. Der Wind wehte das offene Feuer Richtung Mastergriller. Sogleich fing dieser Feuer, und in der Panik sprang er über Bord. Doch da warteten die vielen Krokodile bereits auf den Nichtschwimmer. Die Party war natürlich zu Ende und keine Hilfe für den armen Tropf mehr möglich. Komischerweise schmeckte mir mein Krokodil dann umso besser. Doch Christian schien seine eigene Story, oder aber die Pasta, die er zum Mittag hatte, nicht bekommen zu haben. Jedenfalls ließ er sich so einiges durch den Kopf gehen im Niemandsland zwischen Simbabwe und Sambia, als wir uns auf den Heimweg machten, auf nach Sambia, wo unser Fahrer wartete.

Keine Impfung – kein Abflug

Am nächsten Morgen ging es meinem Reisebegleiter wieder besser. Zum Glück. Geschichtenbetrunken freuten wir uns auf die

Weiterreise. Für mich sollte es nach Namibia für zwei Nächte gehen. Für ihn dagegen ab nach Riad. Die Arbeit ruft. Doch beim Check-in erlebten wir unser blaues Wunder, denn jeder Passagier, der von Sambia nach Südafrika reisen will, benötigt eine Gelbfieberimpfung. Zumindest muss er einen entsprechenden Ausweis vorlegen, der eine solche Impfung nachwies. Kein Ausweis mit Stempel – kein Flug. Mannomann, ging uns da die Düse. Hatten nur noch knapp 90 Minuten bis zum Abflug. Wir flehten, bettelten und boten Geld. Die Check-in-Dame zeigte kein Pardon. Doch wir hatten Glück im Unglück. Ein Taxifahrer hatte quasi nur auf uns gewartet. Er bot an, uns in ein kleines Spital zu fahren, um einen Ausweis samt Spritzenbescheinigung zu erhalten. Der Fahrtpreis hatte es aber in sich. Na ja, Angebot und Nachfrage.

Die 100 Dollar Schmiergeld Spritze

Im Spital angekommen, wollten wir beide auf gar keinen Fall irgendeine Spritze hier bekommen. Nichts wirkte hier steril. Deshalb beteuerten wir, dass wir beide unsere Gelbfieberimpfung erhalten hätten, der entsprechende Ausweis jedoch zu Hause wäre. Für ein paar Dollar extra stellte eine

Ärztin uns einen neuen gelben Impfausweis aus. Dann schnell zurück zum Flughafen. Einchecken und dann ab zum südafrikanischen Drehkreuz Johannesburg.

Fazit: Ohne Teufelspool kein Sambia

Wer nicht im Devils Pool gebadet und ein tolles Foto mitgebracht hat, ist nicht in Sambia gewesen. Zudem lohnt sich das herrschaftliche Hotel Livingstone für einen Sundowner-Drink oder ein Dinner. Die untergehende Sonne mit den Wasserfällen davor und ein schönes Glas Rotwein samt Steak oder Krokodil – traumhaft. Natürlich geht das Ganze auch in der Halal-Version mit Wasser und irgendwas Vegetarischem. Die Sonne und die Fälle bleiben – losgelöst vom Glauben oder Sportlerherz. Außerdem lohnt es sich immer, fast 1000 US-Dollar in bar dabei zu haben, um schnell ad hoc Medikation zu kaufen oder eine Notfallfahrt mit dem Taxi unternehmen zu können.

Der Geist des Chilis in Bhutan

In Bhutan sei Happiness Staatsdoktrin, las ich immer wieder in Reiseführern. Ich rechnete mit noch mehr Spiritualität als in Nepal. Zumal das sogenannte Tigernest – eine alte Mönchsbehausung in gebirgigen Höhen – sehr anschaulich und schon sehr gottesnah daherkam. Zum Glück sollte ein Trip dorthin mit in meiner Viertagestour sein. Natürlich rechnete ich mir aus, dass ich dort entweder Liegestütze oder Hand- = Kopfstand machen könnte.

Optisch einmalige Landschaften mit vielen Bäumen und hohen Bergen. Sehr malerisch. Die Menschen natürlich asiatisch verschmitzt. Sehen ein wenig japanisch aus. Das Spirituelle und das Glückliche vermisste ich hier jedoch. Dennoch war ich positiv überrascht. Als Liebhaber der scharfen indisch-pakistanischen und mexikanischen Küche kam ich hier auf meine Kosten. Denn in fast jedem Gericht sind feurige Chilischoten eingearbeitet. Ob nun Reis oder reine Fleischgerichte. Überall Chili! Da ist Feuer drin!

Im Laufschritt hoch zum Tigernest

Highlight des Trips war natürlich die Exkursion zum Tigernest. Dazu hieß es am Fuße eines Berges etwa fünf Kilometer zu laufen. Meinen Tour-Guide fragte ich, ob ich denn daraus einen Berglauf machen könne. Und wir vereinbarten, uns oben zu treffen. Schließlich gäbe es ja nur einen Weg. Somit würden wir uns nicht verlieren. Da ich im Training für meinen ersten Marathon seit etwa zehn Jahren war, staunte der Guide nicht schlecht, als ich von dannen sprintete. Oben angekommen eröffnete sich mir ein einmaliger Blick über das unter dem Tigernest liegende Tal. Bei leichtem Sonnenschein und 20 Grad entschied ich mich für einen Kopfstand mit Hintergrund des Klosters. Bam. Dann eine schnelle Tour durch die Anlage. Ein, zwei Fotos – das war es.

Das Feuer der Gastfamilie

Dann ging es wieder bergab. Auf zu einer Gastfamilie. Dort wurden bereits die Steine für ein Steinbad fertig gemacht. Nach dem Berglauf eine Wonne in der Wanne, sozusagen. In einem Holzschuber nahm ich in lauwarmem Wasser Platz. Die über dem offenen Feuer erhitzten Steine kamen dann am Fußende in einen abgetrennten Bereich. Diese Steine erhitzten dann das Wasser. Während ich es mir in der Hitze mit einem Buch gemütlich machte und ungefähr eine Stunde sitzen blieb, floh mein Guide aus der benachbarten Wanne nach nur zehn Minuten. Das anschließende Abendessen gestaltete sich so: Chili mit Reis und Fleisch. Die Kinder des Hauses sangen in Landessprache ein, zwei Lieder zur Unterhaltung, was mich an das Minikonzert in Kirgistan erinnerte. Ich dachte nur wieder: Hier bin ich Mensch, hier darf ich sein. Frei nach Goethe. Während viele meiner Arbeitskollegen sicher nur in 5-Sterne-Hotels übernachten, fand ich das Reisen in dieser Form am angenehmsten – auch wenn ich nur kurze Zeit mit dieser Familie verbrachte.

1 Sprung in die Antarktis

2 Handshake mit 20-Dollar-Putin in Moskau

3 Baden im Teufelspool in Sambia

4 Im türkischen Bad in Istanbul mit Freunden

5 Schlammpackung auf St. Lucia in der Karibik

6 Ein tierischer Freund auf Madagaskar

7 Übernachtung auf einem Bauernhof in Kirgisien

8 Show-Fight in Jordanien

9 Auf Hochzeitssafari in Südafrika

10 Kurz vor dem Abflug in der Blauen Lagune in Island

11 Obenauf in der Skybar von Panama-Stadt

12 Kopfüber in den Höhen von Bhutan

13 Sport frei am Strand der Seychellen

14 Fahrradtraining in Ghana

15 Spontanes Judotraining mit Kindern in Afrika

16 The world is mine in Africa

17 Happy Handstand auf den Cook-Inseln

18 Judounterricht in den Weiten von Kirgisien

19 Ironman-Finish in Klagenfurt

20 Tanz auf dem Vulkan in Vanuatu

21 Ein Lächeln offnet die Herzen im Senegal

22 Dressing like the locals in Georgien

2014 – Sport frei und Party Marsch!

On the Road again auf dem Balkan

Road-Trip auf dem Balkan zusammen mit Amikumpel Sam. Mazedonien und Serbien hatten wir bereits. Wir waren gerade in Rumänien. Da wollte er unbedingt nach Moldawien. Das wäre ja so dicht dabei. Nun hatte es ihn auch mit dem Ländersammeln gepackt. Eigentlich stand Moldawien ja nicht auf unserer Route und schmiss unseren Zeitplan auch gehörig durcheinander. Zudem wussten wir, dass wir mit dem Mietwagen nicht über die Grenze fahren könnten. Deshalb brauchten wir ein Taxi.

Per Anhalter durch Galaţi über die Grenze

Deshalb stoppten wir flugs ein Taxi im Grenzort Galaţi, um den moldawischen Länderpunkt einzuheimsen. Der Taxler willigte ein, uns kurz hinter die Grenzkontrolle zu bringen. Nur zum

Mittagessen oder für einen Kaffee, versteht sich. Denn wir waren ohnehin eng mit dem Zeitplan. Wir rumpelten etwa 30, 40 Minuten zur Grenze. Dort stellte der Fahrer fest, dass *er* weder Pass noch Erlaubnis dabeihatte, um die Grenze zu überqueren. Das war natürlich suboptimal. Also wieder zurück. Beim nächsten Fahrer fragte ich direkt nach und wollte seine Ausweis- und Passpapiere sehen. Noch so eine sinnlose Fahrt konnten wir uns nicht leisten. Der Grenzübertritt folgte ohne Probleme. Zehn Minuten Kaffeepause und dann wieder zurück. Denn wir mussten ja noch durch halb Rumänien zum Hotel.

Verzögerung beim Rückmarsch

Doch mit schnellem Rückmarsch nach Rumänien wurde es erst mal nichts. Eine kilometerlange, dreispurige Autoschlange versperrte die schnelle Wiedereinreise. Stoßstange an Stoßstange. Das muss schneller gehen, dachte ich. Und prompt kam eine Kolonne von Motorradfahrern. Die wurde einfach durchgewunken zum Grenzposten. Ich spielte schon mit dem Gedanken, uns gegen ein wenig Spritgeld in die Stadt fahren zu lassen. Aber dann wüsste ich ja nicht mehr, wo unser Mietauto stand. Somit probierte ich es mit der ehrlichen, direkten Variante beim Grenzsoldaten. Ich spielte die deutsch-amerikanische Karte aus, und schwups, wurden wir vorgelassen. Ein Glück. Schließlich seien wir ja keine potentiellen Schmuggler aus dem Osten Europas, sondern einfache Touristen auf der Jagd nach Länderpunkten. Ich weiß aber nicht, was schlimmer ist.

Go for Gold in Fidschi

Im Sommer dann Pazifik. Vanuatu, Tonga, Samoa, Fidschi. In dieser Gegend scheint Fidschi am besten touristisch erschlossen. Bereits bei Ankunft am Flughafen kann man sich die Reiseprospekte für Tages- oder Halbtagestrips mitnehmen. Die Auswahl reicht von Schnorchel- oder Tauchtouren über Island Hopping oder Sunset Cruise. Somit hatte ich bereits in der Immigrationswarteschlange meine Drei-Tages-Planung fertig gemacht. Nur noch schnell den Stempel und ab ins Hotel.

Sowohl für den schmalen Geldbeutel als auch für die Mittelklasse empfiehlt es sich im „Smugglers Cove" einzukehren. Privatstrand, kleiner Pool, Bars und coole Atmosphäre machen den Aufenthalt zum Traum. Da der Strand Richtung Westen liegt, gibt es traumhafte Sonnenuntergänge – am besten mit einem der beiden lokalen Biere: Fiji Bitter oder Fiji Gold.

Blondinen bevorzugt

Zweite Nacht in Fidschi. Gleichzeitig letzte Nacht. Noch mal ein Bier oder doch eher nicht? Kalorienzählen. Allein auf weiter Flur. Irgendwelche dumme Sprüche bringen, um einen Tischnachbarn zu bekommen? Blödsinn. Wer bin ich denn? Also strategisch selbst anlabern lassen. Deshalb am besten Tisch mit zwei Blondinen teilen. Das geht immer. Komisches Essen bestellen. Lächeln hier, Augenaufschlag da. Schon gibt's 'nen Talk. Und dann gesellten sich noch zwei ihrer Bekannten zu uns. Somit endete der Fidschi-Aufenthalt mit vier Blondinen. Auch nicht schlecht.

Im Sauseschritt durchs Drei-Länder-Eck

Nach dem relaxten Pazifiksommer sollte der vierte Marathon des Jahres mein schnellster werden. Um in möglichst vielen Ländern der Welt entweder einen Marathon oder einen Triathlon bestritten zu haben, eignet sich vorzüglich der sogenannte 3-Länder-Marathon am Bodensee. Start in Lindau und Ziel in Bregenz in Österreich. Dazwischen ein wenig Schweiz. Natürlich auch eingeplant: kurzer Abstecher nach Liechtenstein. Soviel Zeit musste sein.

Alkoholfrei auf dem Oktoberfest

Doch bevor es losgehen sollte, wollte ich in München einige Freunde rund um das Oktoberfest treffen. Das ist natürlich ein wenig heftig, so kurz vor dem Marathon. Doch auch dort gibt es Carboloading und alkoholfreies Bier. Zudem sieht die Maß Apfelsaftschorle fast so aus wie die richtige. Bei den Feierkumpanen fiel das auch nicht weiter auf. Der Geheimtipp, um als Antialkoholiker mitzufeiern und den Niedergang des Geisteszustandes der anderen live mitzuerleben.

Liechtenstein: Fünf Minuten Kaffee-Stopp ohne Kaffee

Ich bezog Quartier in Bregenz, gleich neben dem Zielgelände des Marathons neben dem

Fußballstadion. Da ich noch ein wenig Zeit zum Einchecken hatte, besorgte ich mir gleich ein Taxi. „Hey, lassen Sie uns nach Liechtenstein fahren. Dort schnell einen Kaffee und ab zurück", schlug ich dem Taxifahrer vor. Für 100 Euro und einen Kaffee für den Taxifahrer. Top. Kein schlechter Deal. Effektiver Länderpunkt. Der Fahrer dachte zunächst, ich wäre ein Immobilienhai oder Banker, der seine Gelder an der deutschen Steuer vorbei ins kleine Liechtenstein bringen wollte. Aber weit gefehlt. Leider hatte just an dem Tag kein Café geöffnet in Liechtenstein. Deshalb fünf Minuten Stopp – einmal Beine vertreten. Durchatmen und dann wieder zurück. Das war es.

Erst die Triathlon-Arbeit, dann die Party

Nachdem ich mich in Riad immer weiter beim Laufen verbessert habe, begann ich auch das Schwimmen zu lernen und kaufte mir ein Rennrad. Trotz diverser Stürze wollte ich unbedingt die Sache mit dem Triathlon beginnen. Doch dazu brauchte ich ja mal ein Rennen. Mein erster Wettkampf sollte sogleich im offenen Wasser sein.

Sprich, im Arabischen Golf an der Ostküste von Saudi-Arabien.

Gekonnt wurde aus dem ersten Triathlon ein Arbeits-Sport-Party-Wochenende. Und das kam so: Donnerstag Geschäftstreffen in Dammam im Osten von Saudi-Arabien. Nächster Tag: am Freitag 30 Kilometer weiter direkt ans Wasser, Ras Tanourah. Ein kleiner Ort, an dem ein lokaler Triathlon stattfand. Zusammen mit einem französischen Triathlon-Kameraden nahmen wir den in Angriff.

Das Wasser des Überlebens

1,5 km Schwimmen im Meer (zwei Runden im Meer), 40 km Fahrrad (zweimal im Kreis fahren) samt 10 km Lauf. Respekt hatte ich nur vor dem Schwimmen. 10 km zum Schluss quasi ein Selbstläufer. Dafür fühlte ich mich gut gewappnet. Das Biken dazwischen – nur nicht stürzen. Los ging es. Der Schock nach 200 Metern im Wasser. „Werde ich heute sterben?", fragte ich mich. Denn der Wellengang war für meine Verhältnisse gewaltig. Kein Wunder, im Swimmingpool daheim ist die Wasseroberfläche eben wie ein Brett. Der blaue Strich am Boden des Pools gibt ja auch noch Orientierung, und beim Wasserschlucken gibt's auch keinen Salzgeschmack. Und noch eine Welle. Ängstlich suchte ich nach den Rettungsbooten. Als ich die gelben Boote sah, fühlte ich mich sogleich wohler, zumal ich es mit Brustschwimmen probierte. Na ja, aller Anfang ist schwer. Zwei Runden waren zu absolvieren. Nach der ersten wieder an den Strand. Ich war so geschockt von den ersten 750 Metern, dass ich etwa zwei Minuten am Strand stand und dachte: „Ich will nicht sterben – aber ich muss rein. Will ja mit dem Triathlon-Sport anfangen." Deshalb mit Anlauf und kopfüber rein ins Wasser. Geht ja auch. Sicher ist sicher. Endlich raus aus dem salzigen Nass.

Fliegen auf dem Bike

Ab aufs Fahrrad. Ich sauste nur so an den vor mir liegenden Athleten vorbei. Kein Wunder. Ich war ja auch einer der letzten zehn aus dem Wasser raus. Wenn man alle überholt, dann ist die Motivation doppelt gut. Zumal ich wusste, dass am Ende nur noch 10 Kilometer Lauf kommen würden. Und Laufen ist von allen drei Sportarten meine Stärke. Ich beendete den Fahrradkurs ohne einen Sturz. Super. Jetzt nur noch Laufen, Finisher-T-Shirt und Medaille abholen, und dann mit dem Auto ab nach Bahrain zum Feiern.

Gegen die Wand saudischer Hitze

Doch bereits nach zwei Kilometern ging mir die Puste und Energie aus. Die 35 Grad und die hohe Luftfeuchte machten mir zu schaffen. Die Luft brannte in meinen Lungen. Ich musste sogar gehen. Wie peinlich. Mein französischer Triathlon-Kamerad hatte nur einen kleinen Vorsprung. Doch auch seine Erfahrung half ihm nichts. Er konnte auch nicht mehr, musste auch gehen. Am Ende waren wir beide voll geschafft, aber glücklich, endlich im Ziel zu sein. Trotzdem war ich happy, meinen ersten Triathlon gepackt und nicht aufgegeben zu haben. Doch jetzt neue Kräfte mobilisieren und husch, husch ins Auto.

Der indische Widerstand im Hotel

Dann mussten wir schnell über die Grenze nach Bahrain. Den gleichen Gedanken hatten viele andere Saudis und Fremdarbeiter. Jedes Wochenende machen sie sich auf nach Bahrain. Die Zeit drängte, mussten wir noch unser Hotel finden, einchecken, duschen und ab im Taxi zum Radisson Blu Hotel, wo der 50-Dollar-Champagner-Brunch sowie zwei Arbeitskollegen warteten. Ich wusste ja bereits, wie toll der Brunch war. Problem nur noch, nachdem wir endlich das Hotel ausfindig gemacht hatten: der indische Rezeptionist, der uns weismachen wollte, dass in unsere Vier-Mann-Suite keine zwei Rennräder reinpassten. Ich probierte es mit dem afrikanischen Schmiergeldansatz und bot 20 Dollar. Keine Chance. Dann wurde ich immer aufgeregter und meinte schließlich, dass in Indien zig Millionen Menschen auf drei Quadratmetern leben würden und dass er hier mir nicht erzählen könnte, dass vier Mann und zwei Fahrräder nicht in eine 30-Quadratmeter-Suite passen würden. Der Vergleich hinkte, war übertrieben und vielleicht ein wenig rassistisch. Jedoch manchmal muss man die große verbale Keule rausholen. Die Keule half aber trotzdem nichts. Also letztes Mittel: Wo ist der Manager? Dem konnten wir versichern, dass nichts mit dem Hotel passieren würde. Deshalb sofort ins Hotelzimmer, Katzenwäsche, umziehen und ab zum Brunch.

Ex und hopp – rein in den Kopp

Wie verabredet erwarteten uns dort bereits zwei Kollegen, die genüsslich bereits drei Teller verspachtelt bzw. mehrere Becher Bier intus hatten. Auch ohne den Alkoholpegel waren sie froh, uns zu sehen. Trotzdem gab ich das Motto aus, schnellstens zu ihnen beiden aufzuschließen. Schnell aufzuholen ist da kein Problem, denn erstens waren wir noch ein wenig dehydriert, hatten wenig gegessen, und als Sportler wird man sowieso leichter betrunken. Dennoch entschied ich mich für die beidhändige Champagnerglas-Variante und leerte auf ex erst das rechte und dann das linke Glas. Prost! Nach diesem Programm gingen beim Franzosen und mir dann folgerichtig bereits am frühen Abend die Lichter aus. Erschöpft, aber glücklich, schliefen wir ein – mit zwei Promille im Blut, vollgegessen, aber mit Triathlon-Medaille.

Fazit: Belohnungstrinken nach Wettkämpfen

Obwohl ich Essen und Trinken von Herzen liebe, entdeckte ich immer mehr die Liebe zum Ausdauersport. Aber da hieß es: Weniger (Gewicht) ist mehr (Geschwindigkeit). Deshalb achtete ich mehr und mehr darauf, was ich aß und trank (weniger bis gar keinen Alkohol mehr). Doch ganz aufgeben konnte ich die Völlerei nicht, wie mir Bahrain gezeigt hatte. Deshalb plante ich ab sofort, mich nur noch nach Rennen mit Festmahlen zu belohnen. Der Trick: Je mehr Rennen oder je größer das Event, desto mehr Feste wird es geben.

Super. Kombination aus Askese im Training und Wettkampf und Schlaraffenland danach. Optimal!

Bike-Porno beim Triathlon in Dubai

Nach meinem Fast-Debakel an der saudischen Ostküste beim lokalen Triathlon hatte ich ja noch die halbe Ironman-Distanz in Dubai auf der Agenda. Mit einem philippinischen Kollegen wollte ich mit dem Auto rund zwölf Stunden von Riad Richtung Osten fahren. Der Kompagnon sollte nur als verbaler Punching-Bag dienen, um nicht beim Fahren einzuschlafen. Das Fliegen mitsamt Verladung des Fahrrads war mir als Triathlon-Anfänger zu kompliziert. Außerdem war ich nicht nur Anfänger in dieser Sportart. Ich war auch ein Technikmuffel. Deshalb lieber im Auto auf die Nummer gehen.

Sehen und gesehen werden

Nach Zwischenübernachtung in einem Grenzhotel nach der Arbeit fuhren wir, vorbei an Kamelen und endlosen Sanddünen, am nächsten Morgen durch die Wüste weiter Richtung Osten. Durch Abu Dhabi samt den Hochhäusern und gläsernen Bauten Richtung Dubai. Absteige in einem Mittelklassehotel und dann schnell zur Anmeldung. Mann, Mann – die Fahrräder der anderen sogenannten Triathleten haben bestimmt ihre 10.000 Euro gekostet. Carbon, Super-Schaltung. Scheibenräder. Man spricht bei der Registrierung der Bikes nicht umsonst von Bike-Porno. Jeder zeigt, was er oder sie hat bzw. sich zu leisten im Stande ist. Nicht umsonst gilt der Triathlon-Sport auch als Midlife-Crisis-Sport unter Hobby-Athleten. Denn in der Mitte des Lebens hat man sein Leben geordnet: Karriere ist gemacht oder nicht mehr möglich, man ist verheiratet mit oder ohne Kinder, oder halt schon wieder mal geschieden. Es gibt also genügend Zeit zum Trainieren. Die Ausreden, man könne das nicht wegen Kind und Kegel, gibt's bei Top-Athleten nicht. Der Spruch „Ironman-Weltmeister sind die egoistischsten Personen der Welt" gilt auch heruntergebrochen für den Feierabend-Sportsfreund.

Keine Feier ohne Meier

Die Veranstaltung lief für mich wie geplant. Besseres Schwimmen als in Ras Tanourah, da hier das Wetter ohne Wellen daherkam. Kein Wunder. Das Schwimmen fand in einer Bucht statt. Beim Fahrradfahren hielt ich mich zurück, um mich für den Lauf zu schonen. Dort brannte dann die Sonne und gebot mir Einhalt. Aber ein Debakel wie ein paar Wochen zuvor erlebte ich nicht. Mit Tränen in den Augen, voller Freude, beendete ich die Tortur bei Temperaturen um die 30 Grad knapp unter sechs Stunden. Na ja, wie immer gilt: Hätte schneller sein können. Das Belohnungsritual dieses Mal nach dem Sport: erst zur Massage, dann ein neuerlicher Champagner-Brunch, dann Dinner mit einer alten Schulfreundin und dann tanzen bis früh um 4:00 Uhr mit sechs anderen Freundinnen von ihr in der „Music Hall" – einem Tanztheater. Ich hätte hier eigentlich noch länger aushalten können, doch ich musste ja noch ein wenig schlafen, bevor ich die Heimreise antrat.

Sieben Länder auf einen Streich in der Karibik

Zeit meines Lebens wollte ich immer schon eine Kreuzfahrt machen. Alle Freundinnen und Ex-Frauen meinten, dafür seien wir zu jung. Ich gab jedes Mal klein bei. Doch dieses Mal war ich mal wieder alleine am Start und plante den Trip schon ein Jahr im Voraus. Bei Aida Cruises gibt es einen Trip, der sieben unabhängige Staaten anfährt und alles miteinander kombiniert. Super. Eine Flugkombination wäre in diesem Fall zu teuer. Außerdem ist das fahrende Hotel gleichzeitig mit Theater, Kino, Discos, Restaurants etc. ausgestattet. Somit würde für Unterhaltung gesorgt. Top. Somit buchte ich eine Doppelkabine, denn irgendjemand würde doch schon mit von der Partie sein.

Auf den letzten Drücker

Erst kurz vor Abfahrt sagte eine französische Freundin zu. Somit konnten wir uns die Reisekosten teilen. Außerdem hatte ich somit immer jemanden parat, der schicke Bilder machen konnte. Insgesamt besuchten wir Trauminseln wie Grenada, Barbados, Guadeloupe, St. Lucia und, und, und. Da wir in der Regel jeden Morgen zum Sonnenaufgang in ein neues Land oder bei einer neuen Insel einliefen, war das Länderpunktesammeln sehr einfach. Einfach von Bord, und schwupp, einen Zähler mehr. Trotz dieser Manie gab es bei den verschiedenen Inseln unterschiedliche Sachen zu erleben und zu sehen.

Ob nun grüne Nationalparks in Grenada, Vulkanlandschaften auf St. Lucia oder Strand und Sommersonne auf Barbados. Es gab für jeden Geschmack die passenden Inseln. An Bord konnten die Gäste natürlich auch bleiben.

Eine Anekdote blieb mir trotz der vielen Eindrücke doch noch hängen. Auf Grenada verlor ich mein kleines Reisebüchlein, das sogenannte „Globetrotter's Logbook". Obwohl nur für zehn Euro gekauft, hatte es mittlerweile einen Wert von ungefähr 300 Euro für mich. Denn in diesem sind alle Länder und einige Territorien der Welt verzeichnet, die man mit einem persönlichen Souvenir versehen kann, wenn man denn in einen dieser Orte reist. Das können entweder Einreisestempel am Flughafen sein, bunte Briefmarken oder aber eine persönliche Widmung eines Tour-Guides. Mittlerweile habe ich 158 Länder bereits und zahlreiche Souvenirs reingemacht.

Wer suchet, der findet

Oh, mein Gott! Es ist weg. Verloren. Ich müsste es erneut kaufen und neuerliche Andenken sammeln – sicher kein Problem. Die alten Souvenirs blieben somit nur in meiner Erinnerung. Somit war meine Stimmung den restlichen Tag über getrübt. Doch abends um ca. 18:00 klopften zwei Mädels an meine Tür und zeigten mir mein Buch. Der liebe Gott hatte Erbarmen. Freigetränke für beide, den ganzen Abend. Sie hatten das Buch im Gras liegen sehen, waren beide auch zum Tagesausflug im selben Park unterwegs und schauten sich das Buch den ganzen Nachmittag über am Strand liegend an. Zum Glück hatte ich bereits einen Aufkleber von der Aida-Kreuzfahrt samt Kabinennummer im Buch. So konnten sie mich leicht finden. Glück im Unglück!

2015 - Ironman Beach Body Show

Hochzeit in Südafrika

Das neue Jahr sollte wieder mal in einem anderen Land eingeläutet werden. Da bot sich dann die Hochzeit meines alten Reisegefährten Chris an. Herrschaftlich über drei Tage sollte Anfang Januar die Hochzeit im südafrikanischen Stellenbosch stattfinden. Tag 1: Männerrunde mit alten Kampfgefährten und Arbeitskollegen. Tag 2: Bespaßung mit Freunden in traditioneller Tracht. Tag 3: die eigentliche Hochzeit. Somit Party, Party, Party. Und am Ende Silvester in Cape Town Waterfront.

Ausdauertraining in Malawi

Nach den Feierlichkeiten in Südafrika hatte ich Malawi gebucht. Leider gab es kaum alternative Flüge, so dass ich für vier Tage gefangen war in dieser Einöde. Sogleich bei Ankunft versuchte ich einen Trip zu ordern, um etwas vom Land zu sehen. Mein Mittelklassehotel hatte nicht mal ein ordentliches Telefon. SIM-Karten? Die mussten erst beschafft werden. Wi-Fi? Fehlanzeige. Egal. Irgendwie organisierte ich überteuerte Tagestrips zu verschiedenen Steinhöhlen und Wandmalereien. Zudem soll der Malawisee ganz nett sein, hatte ich mal in einem Reiseführer gelesen. Ein Kumpel empfahl mir, aber nicht darin zu baden, denn irgendwelche Bakterien würden den Badespaß schnell zunichtemachen. Somit versuchte ich jeden Tag zumindest vor dem Dunkelwerden fünf bis zehn Kilometer durch Lilongwe, die Hauptstadt, laufen zu gehen. Im knallroten T-Shirt als einziger weißer Läufer durch die schwarzafrikanische Bevölkerung. Da lief ich doch das eine oder andere Mal ein wenig schneller und unkoordinierter, um nicht überfallen zu werden oder was auch immer. Ich fühlte mich jedenfalls nicht so wohl.

Malta – Italo-arabeskes Flair

Mehr und mehr hatte ich mir vorgenommen, sportliche Veranstaltungen zu besuchen bzw. mitzumachen, wenn ich in der Welt unterwegs war. Denn dadurch ist das Kennenlernen von Land und

Leuten noch intensiver. Ob nun Gezeitenschwimmen, Berge hoch- und runterradeln oder aber Strandläufe, den feinen Sand spüren. Alles geht. Am einfachsten ist es, sich für einen Marathon anzumelden. Beim Triathlon muss man entweder ein Fahrrad leihen oder sein eigenes mitbringen. Das ist dann also aufwendiger. Quasi vor der saudi-arabischen Haustür bot sich hier das pittoreske Malta mit seinen drei Inseln an. Marathonlauf und Sightseeing top. Das italienisch-arabisch geprägte Inselreich stand somit im Februar auf dem Reiseplan.

Natürlich dachte ich in der Hauptstadt Valletta Bestzeit laufen zu können, denn die Strecke ist leicht abschüssig und alle paar Kilometer würde eine Band spielen – so jedenfalls stand es in der Beschreibung. Doch Verletzungspech verhinderte einen Start. Trotzdem besuchte ich den Inselstaat im Mittelmeer – brauchte ja wieder ein neues Land. Somit streunte ich in Valletta umher, machte diverse Fotos der italienisch angehauchten Architektur und genoss den mediterranen Lebensstil.

Abu Dhabi Du

2015 sollte mich mein erster großer Ironman-Triathlon erwarten. Ich plante ihn für den Sommer im österreichischen Klagenfurt. Bis dahin musste ich noch jede Menge tun. Meinen verletzungsbedingten Trainingsrückstand musste ich aufholen. Dabei jedoch ich es nicht übertreiben. Nach der Malta-Absage sollte es Anfang März zu einer Rennveranstaltung ins benachbarte Abu Dhabi gehen.

Wieder mal Olympische Distanz mit 1,5 km Schwimmen, 40 km auf dem Fahrrad und dann noch 10 km Laufen – sofern mein verletztes Schienbein hält. Zuvor jedoch zehn Stunden mit dem Auto Richtung Osten und die Fahrräder transportiert. Das Schienbein hielt, und das Rennen war erste Sahne. Die Belohnungsfeierlichkeiten danach konnten beginnen. Ich war mit dem Rennen sehr zufrieden. Doch auch neben der Strecke war ich erfolgreich. Lernte eine rothaarige Sportsfreundin kennen. Meinen russischen Nebenbuhler stach ich erfolgreich aus: „Hey, die gehört mir. Du hast deine Maus zu Hause!" Im Zuge der deutsch-russischen Trinkfreundschaft war das schnell geklärt.

Hochzeitsreise ohne Hochzeit auf die Seychellen

Mit der in Abu Dhabi aufgetanen Lady in Red gab's dann diverse gemeinsame Trainingsstunden. Denn sie war auch eine ambitionierte Triathletin. Im Übereifer lud ich sie sogleich auf die Seychellen ein, um dort das Leben zu genießen. „Ich komme aber nur mit, wenn du mir keinen Antrag stellst", meinte sie noch vor Abflug. Somit wäre das auch geklärt. Frisch verliebt ging es los mit der Holden. Was würde mich erwarten? Zu viele Getränke und schlemmen, bis der Arzt kommt, oder doch eher Liebesurlaub? Und was ist mit all dem Training? Das Ironman-Rennen steht ja nun in Bälde vor der Tür. Da will ich mir doch nicht noch die Form vermasseln lassen. Aber die rosarote Brille war auf.

Ironman Training im Paradies

Die Seychellen waren nicht nur wegen der schottischen Braut eine Wucht. Das Land bot super Strände zum Laufen, Liegen, Sonnen. Das Wasser klar: schwimmen natürlich. Und auf einer der Inseln – Praslin – sind Autos verboten. Fahrräder an der Tagesordnung. Ideal für die Triathlon-Vorbereitung also. Wir hatten das Glück, dass just zum Reisezeitpunkt der lokale Karneval am Start war. Bunte Menschen, lauter Gaudi in der Hauptstadt. Genial.

Ironman Summer of Love

Auftakt für diesen Sommertrip: mein erster Ironman-Triathlon. Natürlich hätte man wieder mehr trainieren können. Doch das ist ja immer so. Typische Ausrede eines Triathleten. Doch der Wettkampf sollte in Klagenfurt, etwa zwei Stunden Autofahrt vom Wiener Flughafen entfernt, stattfinden. Unweit des Rennplatzes an einem schönen Waldsee in einem kleinen Hotel untergebracht. Super. Idylle pur. Vögel zwitschern, das Wasser plätschert, die Baumkronen wiegen sich im Wind und die Fahrradnabe surrt. Was will das Rennfahrerherz mehr?

Bei der Bundeswehr gab es noch heroische Sprüche wie: Lerne leiden, ohne zu klagen. Oder: Klagt nicht, kämpft. Beim Ironman in Klagenfurt lernte ich den Kampf gegen den Krampf, die Wellen, das eigene Ego, den Schweinehund. Das Klagen konnte ich nicht unterdrücken. Doch die atemberaubende Atmosphäre der vielen Zuschauer sowie die einmalige Kulisse mit dem Wörthersee – Hammer!

Schnell noch am Tag nach dem Rennen nach Wien. Die obligatorischen Schnitzel und Ex-Kollegen abgefrühstückt und dann sogleich mit dem Boot nach Bratislava für einen Tagesausflug. Laenderpunkt Slovakia. Dort zum Mittag eine Schweineplatte verdrückt. Denn nach dem Sport wollte ich mich doch wieder belohnen. Jedoch wohl wissend, dass ich in drei Wochen noch nach Zürich wollte oder musste, schließlich hatte ich noch einen weiteren Ironman gebucht. Ob die Regeneration bis dahin durch war, musste sich noch rausstellen.

Wieder zurück nach Wien am gleichen Tag. Flug nach Deutschland. Eigene Geburtstagsfete in Dresden inclusive Deutsch-Libanesischer Hochzeit sowie in Berlin Ironman-Geburtstags-Sekt im Hotel Mama.

Von Mexiko nach Panama

Kurze Erholungspause in Riad. Denn schon wieder ging es los: zum zweiten Ironman nach Zürich nach nur drei Wochen. Ganz klar absolvierte ich den nur mehr schlecht als recht. Aber egal. Wer finishst schon zwei Ironman-Triathlons in drei Wochen

Zeitdifferenz? Zudem war Zürich nur auf Auftakt, um nach Lateinamerika zu düsen. Ich wollte alle Länder zwischen Mexiko und Panama bereisen. In knapp zwei Wochen.

Cancun erreichte ich gegen Abend. Taxi marsch, marsch! Unterbringung in einer soliden Pension, fernab der Bettenburgen für die Amis, die hier ihr touristisches Unwesen treiben. Losgelöst vom Erschöpfungszustand und möglichen mexikanischen Raubüberfällen beschloss ich, meinen zweiten Ironman mit Tequila und Burrito genüsslich zu feiern. In einer livemusikgetränkten Hazienda brauchte ich als Mexiko-Food-Lover keine Karte. Tequila und Burrito – marsch, marsch! Nach den intensiven Renn- und Diätwochen kippte ich schon nach einem Shot aus den Latschen und machte den Abend nicht arg lang.

Von Mexiko schlug ich mich durch Gesamtmittelamerika. Panama das Ziel. Während andere Backpacker diese Tour in zwei bis drei Monaten absolvieren, plante ich nur zwei Wochen ein. Alles mit dem Flieger. Mehr Urlaub hatte ich nicht. Im Schnitt zwei bis drei Tage pro Land. Mexiko: Tequila, Belize: Schnorcheln, El Salvador: Strand, Panama: der Kanal. Für die restlichen Länder plante ich einfach, nicht ausgeraubt zu werden.

Whiskeyberge auf Mauritius

Bereits zu Beginn meiner Triathlon-Ambitionen weckte mein französischer Rennbuddy Sylvain die Idee in mir, eine Veranstaltung auf Mauritius im November zu buchen. Bildschön, super Ambiente – und neuer Länderpunkt. Das war doch perfekt. Damit sich die Reise auch lohnt, beschloss ich das Ganze mit Madagaskar zu kombinieren. Schließlich ist ein Flug nur nach Mauritius oder nur nach Madagaskar relativ teuer.

Zwar musste ich hier Überzeugungsarbeit bei meiner schottischen Triathlon-Partnerin leisten, dass wir jeweils nur 3,5 Tage vor Ort bleiben würden. Doch ohne mich würde sie die Sachen eh nie sehen. Zudem Racing in Paradise – wo hat sie sonst noch die Möglichkeit? Zudem gab es noch nie Beschwerden bei diversen Trips von irgendwelchen Reisebegleitern.

In Mauritius gibt es das Whiskey-Label „Chamarel". Dieses ist benannt nach einem steilen Berg vor Ort. Als Triathleten konnten wir beim Rennen erst den Berg erklimmen und hinterher den Whiskey runterkippen. Top. Nachteil jedoch beim örtlichen Triathlon: die starke Strömung des Wassers. Die klare Sicht auf die bunten Fische konnte das nicht kompensieren. Verfluchte Schönheit. Der abschließende Lauf hatte einige Parts am Strand. Einerseits wieder traumhafte Aussicht – aber das Laufen im weichen Sand war eben dann doch keine Freude.

Madagaskar – Lemuren-Geschrei am Morgen

Erst die Arbeit, dann das Vergnügen: Nach drei Tagen mit Whiskeyflasche und neuer Triathlon-Medaille flogen wir nach Madagaskar. Madagaskar sollte ein Mix aus Adventure im Bush und Beachurlaub sein. Dafür auch nur drei Tage. Der Flug ist komischerweise sehr teuer. Highlight vor Ort liegt eigentlich im Norden. Das Taucherparadies Nosy Be. Da wollte meine Lieblingsschottin auch hin. Aber dafür hatten wir doch keine Zeit. Denn die Straßenverhältnisse sind unter aller Kanone. Deshalb auf Nummer sicher eine Reiseagentur beauftragt, mit der Bitte um ein Mixprogramm aus Sommer, Sonne, Strand sowie Adventure im Dschungel.

Deshalb war nach Abholung sogleich die erste Übernachtung in einem Bambus-Cottage mitten im Regenwald. Moskitos und allerlei anderes Getier machten uns zu schaffen. Die schwüle Hitze war auch nicht ohne.

Noch vor dem Aufstehen weckte uns ein ohrenbetäubender Lärm. Ein langgezogenes Fiepen hallte durch die Buschhütte und den Regenwald. So hören sich wohl die Lemuren an. In der Tat. Die kleinen und großen Frechdachse rufen so nach ihren Weibchen und machen ihnen den Hof. Später machten diese kuscheligen glupschäugigen Viecher das nerv tötende Morgengeschrei wieder wett. In einem kleinen Park, lauschig an einem Fluss gelegen, kletterten bis zu vier, fünf dieser possierlichen Tierchen auf uns herum und guckten uns mit großen Augen an. Madagaskar hautnah.

Strandmassagen mit Live-Cooking

Weiter im Jeep Richtung Osten. Zum Strandbungalow. Sowohl die Zwischenmahlzeit auch das Hoteldinner waren nicht der Rede wert. Sehr schlecht. Auf der anderen Seite lag der Bungalow direkt am Strand. Nur getrennt durch einen Mauervorsprung, und schwups, war da der feine Sand. Der zweite Tag hatte es in sich. Mit Kamera und Frischwasser bewaffnet sollte ein morgendlicher 5-km-Lauf Richtung Süden erfolgen. Doch der Strand und die Wellen waren so atemberaubend, dass wir einen Halbmarathon (21 Kilometer) draus machten, mit Schwimm-Selfie-Einlagen. Ein Triathlon-Urlaub, wie er im Buche steht. Nach dem Training ist vor der Massage. Diese bekamen wir dann auch – natürlich am Strand, mit Blick auf die Wogen des Meeres und lokale Fußballspieler. Nebenher Schlürfen eines obligatorischen Drinks. Und dann, am Abend, erhielten wir einen gegrillten Fisch, fangfrisch zubereitet.

Fazit: Teures Mauritius

Mauritius ist eindeutig überbewertet und zu teuer. Die Malediven und die Seychellen sind aus Erholungs- und Paradies-Aspekten um einiges besser. Jedoch ist der Chamarel-Whiskey in seinen diversen Geschmacksrichtungen sehr zu empfehlen. Madagaskar ist ein Muss und war das eigentliche Highlight des Trips. Die Lemuren sind der Hammer.

Home sweet home zu Weihnachten

Wie schon erwähnt, muss ich nicht bei jeder Gelegenheit ab nach Hause. Schließlich gibt's via Skype und Telefon auch Kontakt zu den Lieben in der deutschen Heimat. So verbrachte ich bereits fünfmal Weihnachten in der Wüste. Silvester war ich dann wieder auf der Flucht. Doch dieses Jahr sollte es mit meiner roten Flamme aus Schottland nach Deutschland gehen. Zu Ausbildungszwecken natürlich. Sie kannte jedoch mein Faible für neue Länder. Deshalb musste sie dann auch wohl oder übel mit nach Marokko und Andorra. Denn in einer ruhigen Minute habe ich mal die Flüge Barcelona–Casablanca gecheckt. 80 Euro hin und zurück. Geschenkt quasi. Und Barcelona ist ja so dicht an Andorra. Da gibt's zwei neue Länder obendrauf. Somit sah der Weihnachts-Neujahr-Trip aus wie folgt: Riad – Deutschland (Berlin, Potsdam, Dresden, Jüterbog) – Spanien (Barcelona) – Marokko (Casablanca, El Jadida) – Spanien – Andorra – Spanien – UK (London). In knapp zehn Tagen dürfte das Ganze machbar sein. Außerdem: Silvesterlauf in Barcelona inklusive Neujahrsparty.

Deutsche Schnelligkeit dank ICE

Innerhalb von drei Tagen konnten wir dank Deutscher Bahn und Pünktlichkeit selbiger, samt Mietwagen, sowohl Potsdam, Berlin, Dresden als auch Jüterbog abhaken sowie Family und Freunde besuchen. Wir genossen gefühlte 50 Glühweine, von Weihnachtsgebäck und anderen Leckereien ganz zu schweigen. Selbst für hartgesottene Reisende muss dann am Tag 4 ein Erholungstag sein. 5-Sterne-Hotel Pullman in Barcelona mit Rooftop-Jacuzzi und Champagner. So der Plan für den ersten Weihnachtstag. Weit gefehlt. Defekt. Badezimmerbecken auch kaputt. Zumindest gab es kostenloses Upgrade und einen Gutschein. Das Ambiente der katalanischen Hauptstadt sowie die leckeren Tapas der unzähligen Bars machten das negative Pullman-Erlebnis schnell wieder wett.

Andorra – Ski und Shopping gut

Von Barcelona ist es nur ein Katzensprung, oder besser gesagt: nur eine kurze Bustour, nach Andorra. In diese kleine Enklave kommen die Touristen zum Skifahren oder zum Shoppen. Oder in meinem Fall für den Länderpunkt. Stumpf ist Trumpf. Eine Nacht reicht auch hier. Trotzdem ein wenig auf die Skipiste mit Schneemobil, heißem alkoholischem Getränk, und schöne Schneefotos für die sozialen Medien machen. Abends dann lecker spanisches Dinner in der winterlichen Altstadt. Und dann am nächsten Tag wieder zurück nach Barcelona.

Bevor wir in der katalanischen Hauptstadt das Neujahrsfest genießen konnten, düsten wir noch schnell an die Westküste Marokkos nach El Jadida. Dort verbrachten wir postweihnachtliche Essens- und Trinkgelage zusammen mit Strandläufern und Massagen sowie Buggyfahrten. Dann endlich Silvesterlauf am 31.12. am späten Nachmittag, gefolgt von spärlichem Dinner samt wunderschönem Feuerwerk im Zentrum Barcelonas. Krönender Abschluss die Party in einem Strandclub mit viel Technomusik.

Dann Rückflug über London nach Riad. Das alte Jahr endete so, wie 2016 sein wird: schnelle Reisen, Sport und Party.

2016 – Bis ans Ende der Welt

Pazifisches Inselspringen zum Geburtstag

Alles war super geplant. Erst den Ironman-Triathlon in Frankfurt am 3.7. inklusive Geburtstagsfeier und dann zum Inselspringen mit durchgestähltem Triathlon-Körper in den Sommerurlaub. So schön wären die Fotos für Facebook und andere soziale Medien, vom Selbstwertgefühl für mögliche weibliche Eroberungsfeldzüge gar nicht zu reden. Doch durch Trainingsunfall zum einarmigen Reisenden verdammt, hieß es: Geburtstagsfeier ja, Ironman nein. Deshalb am 2.7. Feierlichkeiten bei einem Italiener, Garibaldi in der Frankfurter Innenstadt, mit ein paar Freunden.

Helsinki – Gelegenheit macht Flüge

Da ich den Jubel auf der Zielgeraden von anderen Ironmen und -frauen nicht miterleben wollte, konnte ich noch schnell umdisponieren und nach Helsinki fliegen. Okay. 15 Stunden Aufenthalt für 400 Euro ist ein wenig teuer. Was macht man nicht alles, um beste finnische Freunde und meine Patenkinder zu sehen. Außerdem waren die Übernachtung, Essen, Trinken und Spaß schon inkludiert. Der Flug wurde überschattet vom neuerlichen Aufeinandertreffen Deutschlands und Italiens im Fußball-EM-Viertelfinale. Bei Abflug in Frankfurt: 0–0. Bei Ankunft herrschte fieberhafte Stimmung, ob denn die Deutschen endlich mal die Italiener haben schlagen können. Auf Miniscreen eines Samsung-Smartphones erlebten zwei Stewardessen und eine Handvoll Flugpassagiere, wie Schweini seinen Elfer versemmelte, die Deutschen jedoch dank der Grünschnäbel im Team erstmals Italien bei einem großen Turnier besiegen konnten. Mein perfektes Geburtstagsgeschenk. Vielen Dank dafür!

Nauru: australische Verteidigung gegen Flüchtlinge

Nach dem Kurzaufenthalt in Finnland mit Sektfrühstück, Spaziergang mit den Kids und Lage-

Update für meine finnischen Freunde Rückflug via Frankfurt und Brisbane nach Nauru.

Hierher kommen nur Flüchtlinge, Expats und Leute, die alle Länder der Welt bereisen wollen. Deshalb hieß es für mich: ab dafür und ein weiteres Land abhaken. Jetzt 143. Schon bei der Ankunft traf ich sogleich einen Kanadier, der bereits knapp 170 Länder besucht hatte und auch nur für zwei Nächte vor Ort war. Prompt beschlossen wir, das Sightseeing zusammen zu erledigen und uns unsere Heldengeschichten von unterwegs zu erzählen. Zum Glück hatte er sich ein wenig besser auf Nauru vorbereitet. So wusste er, dass die kleine Insel nur rund 20 Kilometer Umfang hat, reich an Phosphaten sei und es viele Flüchtlingscamps gibt. Zudem seien einzelne Weltkriegsbauten und militärisches Equipment zu bewundern.

In der Tat laden die Strände nicht wirklich zum Schwimmen ein. Reich an phosphathaltigem Gestein kommt ein Beachfeeling wie im thailändischen Phuket nicht auf. Die Strände eignen sich trotzdem für einzigartige Fotos und, wer es mag, für Spaziergänge. Ein Halbmarathon zum Frühstück auf der Küstenstraße ist immer drin. Am besten mit Kamera für die obligatorischen Selfies und zur Landschaftsfotografie.

Marshall-Traum – Inseln im Pazifik

Weiter ging es auf die Marshallinseln. Empfang im Regen. Kein guter Start für Inselfeeling. Zudem gleich bei der Ankunft quasi abgewatscht von einem anderen amerikanischen Reisenden, der mich am Airport mit der Frage empfing, wie viele Länder ich denn auf dem Konto hätte? Schließlich war mein buntgescheckter Koffer mit Länderflaggen sehr verräterisch. Der Reisekumpan hat bereits 182 Länder und scheint erst Mitte 30. Oh, mein Gott. Kaum bin ich im Pazifik in Ländern, die ich vor fünf Jahren nicht mal mit Namen kannte, haben alle Touristen nur eines im Kopf: Länder sammeln. Ich fühle mich in dieser Situation wie ein Anfänger im Marathonlaufen mit ungefähr sechs Stunden Endzeit und spreche gerade mit einem Weltrekordler. Vorher war ich stolz auf das Erreichte. Nun wurde das binnen zweier Tage mehr als relativiert, glaubte ich doch, niemals physisch einen Vielreisenden persönlich kennen zu lernen.

Den nächsten Tag verbrachte ich auf Eneko Island, eine kleine traumhafte Insel. Zum Glück waren es an dem Tag 30 Grad und Sonnenschein. Strand fast für mich allein. Top. Was will ich mehr. Kristallklares Wasser – optimal zum Schwimmen und Schnorcheln. Zeit zum Genießen. Später am Tag traf ich den Amerikaner vom Flughafen bei meinem Hotel, ganz zufällig. Spontan lud ich ihm zum Essen ein, um sich über das Reisen zu unterhalten. Vielleicht kriege ich da noch den einen oder anderen Reisetipp fürs günstige Fliegen, Buchen, Sightseeing-Spots oder weitere Highlights. Wir verstanden uns so gut, dass wir beschlossen, die beiden folgenden Tage Kiribati Island gemeinsam unsicher zu machen.

Schlachteneiland Kiribati

Mein amerikanischer Reisekollege spielte wirklich in einer anderen Reiseliga. Mit GPS-App auf dem Phone und profundem Wissen über die Insel samt Zweiter-Weltkriegs-Denkmälern war er besser vorbereitet als ich. Ich hatte vorab überhaupt nichts recherchiert. Ich glaubte, alles würde sich schon ergeben. Im Endeffekt tat es das auch, denn auf unseren Ausflügen sahen wir alte Geschütze auf einem Fußballfeld, bei Ebbe freigelegte Panzer oder japanische Denkmäler versteckt zwischen Sträuchern. Die Auswahl an Monumenten der japanisch-amerikanischen Kämpfe war reichlich. Einmalig war jedoch der Sonnenuntergang mit großkalibrigen Kanonen der Japaner, auf denen heute friedlich Kinder herumtollen. Unvergesslich.

Minsk: Catwalk für Frauen

Aus dem Pazifik flugs wieder mal über 16 Stunden im Flieger. Zwei Gin Tonic und mehrere Filme später Ankunft Frankfurt. Kurzer Familienbesuch über Nacht und schon wieder rein in den Airbus. Minsk. Die weißrussische Hauptstadt wurde mir durch meinen russischen Kumpel aus Riad so angekündigt: „Hey, Mann, wenn du nach Minsk gehst, suche dir dort eine Braut. Da gibt's Frauen im Überschuss. Fast so wie in der Ukraine." Na ja, lassen wir uns überraschen. Schließlich habe ich ja schon die halbe Welt gesehen. Und zum Beispiel Brasilien war eine große Enttäuschung.

Schon aus dem Taxi konnte ich gleich sehen: weite Straßen, massive Gebäude und trippelnde Damen. Nach einer Auffrischungsdusche im Boutique-Hotel „Buta" ging's koffeingetränkt zum Sightseeing-Bus. Wie bereits vermutet, nutzten die Damen mit ihren schlanken Gazellenbeinen die breiten Fußgängerwege zum Catwalk und flanierten mit Highheels und Kurzrock bewaffnet, die Gunst der Stunde nutzend, um sich von ihrer besten Seite zu zeigen. Männer: Fehlanzeige. Gefühlt 70 % Frauenrate. Das wünscht man(n) sich bei Partys. Hier gibt es sowas am helllichten Tage. Unter der Woche, an einem gewöhnlichen Nachmittag.

Fazit: Inselspringen von Strand zu Strand

Wer in den Pazifik reist, hat im Durchschnitt schon die Strände von Thailand, Dubai oder den Malediven gesehen. Daher empfiehlt es sich hier, von Insel zu Insel zu springen, um die kleinen Unterschiede auszumachen. Wer es eher geologisch mag, dem ist Nauru zu empfehlen. Kiribati und die Marshallinseln sind für militärhistorisch Interessierte das Nonplusultra.

Antarktis-Kreuzfahrt ans Ende der Welt

Im Dezember bereiste ich für zehn Tage die Antarktis. Es handelt sich hierbei natürlich nicht um einen Staat im eigentlichen Sinne. Jedoch sollte das mein letzter noch offener Kontinent sein. Ich dachte, dass ich dort Schnee, Eis und Pinguine sehen werde und dass sich das Ganze recht langweilig gestalten könnte, denn ich bin ja im Grunde kein Naturfreund, und Fotografieren war auch nie mein Hobby. Dennoch buchte ich den recht teuren Trip bereits ein Jahr im Voraus, denn angeblich sollte die Nachfrage sehr hoch sein.

Wenn Engel reisen, gibt's ein Upgrade

Als Vielreisender buchte ich natürlich die billigste Kategorie: Dreifachbelegung im Innern des Schiffes. Ohne Fenster. Rund 6.000 US-Dollar, plus 800 noch mal on top für den Zubringerflug, inklusive 5-Sterne-Aufenthalt. Zudem sollte es für mich noch eine Campingübernachtung geben, sowie einen einfachen Klettertag. Doch rund drei Wochen vor Abflug nach Südamerika erhielt ich ein 4.000-US-Dollar-Upgrade: Zweierbelegung mit Fenster. Super! Somit konnte ich theoretisch eine weibliche Begleitperson mitnehmen. Da mal wieder als Single unterwegs, startete ich mehrere Anfragen im Freundes- und Sportlerbereich. Doch die Entschuldigungen reichten von „kein Urlaub", „zu teuer" bis hin zu „andere Reisepläne". Wer nicht will, der hat schon. Mittlerweile glaube ich zu wissen, dass die Absagenden nie wieder solch ein Angebot erhalten werden – geschweige denn jemals nur in die Nähe der Antarktis gelangen werden. Knapp sieben Jahre Reiseerfahrung haben hier wohl ihre Spuren hinterlassen. Somit ließ ich mich überraschen, wen mir denn dann die Reiseleitung auf die Kabine stecken würde.

Reiseneuling trifft auf Weltenbummler

Gleich beim Einchecken in das obligatorische 5-Sterne-Hotel in Buenos Aires, eine Nacht, bevor es aufs Boot ging, lernte ich auch meinen Kabinengenossen kennen: Billy aus den USA. Da er erst Anfang 20 war, taufte ich ihn „Billy the Kid", nach dem amerikanischen Revolverhelden. Der junge Investmentbanker hatte zuvor erst drei oder vier Länder bereist und war somit ein Reisegreenhorn. „Warum nicht gleich die Antarktis?", entgegnete er mir, als ich nach seinem Grund fragte. Ich dachte nur, dass er nach dem Trip nur noch zum Mount Everest fliegen könne, um sich zu steigern. Um die nächsten zehn gemeinsamen Tage angemessen zu starten, wies ich mich als Buenos-Aires-Experte aus: Argentinien ohne Wein und Steak – ginge gar nicht. Ebenso buchte ich für uns beide eine Sightseeing-Tour mit dem Bus sowie einen Steakabend.

K.O. Trinken in Buenos Aires

Deshalb führte ich Billy in ein Restaurant, in dem auch 800-Gramm-Steaks auf der Speisekarte standen. Als Hobbyvegetarier musste ich da durch. Man ist ja schließlich nicht alle Tage in Argentinien. Zudem ließ ich mich zu einer Flasche Rotwein hinreißen, obwohl ich ja bald wieder einen Ironman zu absolvieren hatte. Am Ende leerten wir drei ganze Flaschen. Der Jungspund killte zwei davon. Ich hatte dagegen nur eine. Jedoch waren die Auswirkungen auf mich, den Sportler und lebensälteren Genossen, dramatischer. Was beim Dinner reinging, kam in der Nacht wieder raus. Mann, Mann – bin halt nichts mehr gewohnt.

Glücklicherweise ohne Kater überlebte ich das spärliche Kaffee-Croissant-Frühstück und beschnupperte die anderen Gäste im Bus. Im Nachhinein stellten sich die Sitznachbarn als die Kerntruppe heraus, mit denen ich später die zehn Tage verbringen sollte. Ein bunter Mix: Rentner – Doktor der Psychologe, besagter Billy the Kid – the Youngster im Team, Jehanna – quasi Doppelgängerin von Michelle Obama, Kurze-Hosen-Dave und weitere bunte, liebenswerte Gesellen. Allesamt aus den USA.

Exzellenter Bordservice

Nach dem kurzen Zubringerflieger von Buenos Aires nach Ushuaia (Stadt des Ablegehafens) die erste positive Überraschung gleich zu Beginn an Bord: Die „Ocean Endeavour" – ein Exkursionsschiff – stellte sich schnell als gehobene Klasse heraus. Denn der Service war erste Sahne. Zweimal am Tag kam die Reinigungskraft auf die Kabine und säuberte das Zimmer. Jedes Mal wartete ein kleines Stück Schokolade auf dem Kopfkissen, wenn ich das Zimmer betrat. Es sind die kleinen Dinge beim Reisen, die die Welt bedeuten können. Außerdem war die Bewirtung im Restaurant vorzüglich. Denn jedes Dinner war ein À-la-Carte-Essen mit der Auswahl von je drei Vorspeisen, Hauptgängen und Desserts. Weine und Bier waren inklusive und wurden schnell nachgefüllt. Meine fitnessbedingte Ein-Glas-pro-Tag-Regel konnte ich bereits am zweiten Tag vergessen. Eine Flasche pro Tag pro Dinner sollte es dann schon sein. Ich bin halt ein sozialer Trinker. Je besser die Reisegesellschaft – desto mehr Genuss. Dem Restaurantchef gab ich das Kompliment: „Ich habe Pinguine, Schnee und Eis erwartet – jedoch nicht diesen exzellenten Service."

Abenteuergeschichten vom kalten Kontinent

Hier in der Antarktis konnte ich zum ersten Mal überhaupt Stand-Up-Paddle Boarding erleben, mich im Eisklettern versuchen und sogar eine Nacht auf dem Eis in einem Schlafsack verbringen. Doch das Highlight wartete am dritten Tag. Wir machten halt in einer ruhigen Bucht. Es war windstill. Bester Sonnenschein. Blauer Himmel. Keine einzige Wolke ließ sich blicken. Billy the Kid raunte mir zu: „Heute gibt's den Polar Plunge, ab ins kalte Wasser." Erst wusste ich nicht so recht, was er damit meinte. Doch dann war alles klar. Schnell in den Bademantel und die Badehose drunter und auf den Weg nach unten. Dort standen bereits im Schiffsinnern viele aufgeregte Bordgäste. Alle wollten sich die einmalige Gelegenheit nicht entgehen lassen. Ich dachte nur: „Wenn selbst die alten Herrschaften reinspringen, muss ich das wohl auch tun." Wasser – zudem noch kaltes – ist ja nicht mein Metier. In Riad gehe ich freiwillig nicht unter 24 Grad Wassertemperatur in den Pool. Aber hier? Der soziale Druck. Genau – wenn alle springen, springe ich auch.